二見文庫

運命好転の不思議現象99の謎

森田 健 著

はじめに

私は1年のうち、4分の1を海外調査にあてています。ここ10年で中国に行った回数だけで30回は軽く超えます。それも、旅行者が行かないような地域ばかりです。

一時はテレビに出たこともあったのですが、今はすべて断っています。なぜかといえば自分の問い（興味）だけに集中したいからです。

さらに、お金儲けの方法もゲットしてしまったからです。それが「占い」です。

いまさらいうのも何ですが、占いの世界に入ることに一番抵抗していたのは自分自身でした。占いに手を染めたら終わりだと思っていました。ですから、5年間も放置していたのです。

しかし始めてみると、そのすごさには圧倒されました。人生観も180度ひっくり返りました。お金は儲かりましたが、「人間における自由はどこにいった」と愕然としました。あまりに当たりすぎるからです。私たちは神の操り人形なのか……と。

占いの創始者が、古代に殺された理由もわかります。未来を知ることのできる人間は、皇帝の未来も知っていたからです。

長い時の流れを経て、21世紀にそれは世に出ました。

現代を見渡せば、科学の勝利とはいいがたい世の中です。21世紀にはすべての問題が解決されていると思っていました。アインシュタインの相対性原理を包含するような最終方程式が発見されて、人類はみんな幸せになっているはずでした。

ところが、どうも逆の様子です。世の中は混沌として出口すら見えない状況です。

でも、私には社会を変えようなどという気はありません。「変える」という他動詞ではなく「変わる」という自動詞でしか変わらないと思うからです。

諦めて初めて人生が開けることも、この本のなかで述べています。

人間は神から操られているだけではないのです。21世紀になってやっと「自由な世界」に一歩踏みこんだと思っています。

２００９年５月

森田　健

もくじ

PART2　不思議現象──「中国編その1」

PART3 不思議現象――「中国編その2」

PART4 不思議現象——「フィリピン編」

PART5 不思議現象――「アメリカ編」

PART6 不思議現象——「チベット編」

PART7 不思議現象——運命を変える奇跡の「予知術」

PART8 不思議現象——運命好転への扉を開け！

PART1　世界の不思議現象を求めて

1 「宇宙のルールを作った存在」への素朴な大疑問

あなたは高校時代、物理は好きでしたか？

無味乾燥な方程式ばかり出てくるので、たぶん嫌いですよね……。私だって、物理そのものは大好きではありません。

ところが高校2年で始まったこの科目が、私の一生を決定するのです。先生が方程式を黒板に書いているときです。突然私の頭のなかにひとつの問いが降って湧いたのです。

「この物理方程式は誰が作ったのだろう……」

方程式は交通ルールにも似ています。しかし、交通ルールは人間が作らなければ存在しません。

だとすれば、物理の方程式も誰かが作ったのではないか……。

それを作ったのは、いったい誰だろう？

方程式を誰かが作ったとすれば、「私」もその方程式にしたがって作られたはずです。だとすると「私って誰だろう？」

そして「私」を作ったのは、どんなシステムなんだろう？

当時、大学では社会を変えようと叫ぶ学生が多く、街ではデモが行なわれていました。私の高校でも社会改革を訴える生徒が全校ストライキを決行したりしました。

でも私は、社会改革というのは水面のさざ波のようなものだと思っていました。根本を見つけてそれを変えないかぎり、人類は進歩しないと……。

卒業式では、私がクラス代表で意見を述べることになりました。

「社会を変えたって仕方ないでしょう?」

私のスピーチは、ヤジでかき消されました。それほどまでに不満のほこさきが社会に向けられていたのです。

「当時は若かった」ではすまされないのは、今でも私の考えは同じだからです。根本の原因を見つけないかぎり、人類は「自由」にはなれないのではないかと。

「若気のいたり」の言葉を使っていえば「敵は社会体制ではなく、宇宙のルールを作った存在である」……と。

2 26歳の私に突然訪れた不思議現象

あなたは目の前の風景が、「これは私にとっては過去の風景だ。今いるべき場所じゃない」と感じたことがあるでしょうか？　私の場合には何の変哲もないサラリーマン生活のなかで、それが起こってしまったのです。

コンピュータメーカーに就職した私は、比較的順調なコースをたどっていました。総合企画室という部署で、未来の会社像をレポートにして社長に提案するという仕事です。それを新入社員のときからやっていましたので、いわゆる「足で稼ぐ」ような下積み生活はなかったのです。

しかも、会社の費用で海外留学までさせてもらいました。その留学から帰った半年後のことです。会社に出勤してタイムカードを押し席に着いたとたんに、まわりがセピア色に変わったのです。まるで過去の風景を見ているようでした。自分の居場所はここにはない、と感じたのです。

外に飛び出すと文房具屋に走り、便せんを買いました。次は喫茶店に飛びこむと、辞表をなぐり書きしました。立ち上がったとたんにウエイトレスと衝突し、私のスーツにコーヒーがこぼれました。

「あっちっち！」

「申し訳ありません。服についたコーヒーを拭きますので……」

「いいんだ、これくらい」

そういってお金を払うと、会社まで一目散に駆けていったのです。そして課長の机に辞表を置き、自分の席に戻りました。このあいだ、10分とかかっていないと思います。

向こうで課長と部長が話している声が聞こえます。

「森田君！」

部長が私を呼びました。

「はい」

「どういうことだね？」

「会社を辞めるんです」

「理由は？」

「特にありません」

「会社をバカにする気か？」

「バカになんてしていません」

「理由もなしに辞表出すヤツがどこにいる？」

辞表の理由が「風景がセピア色になったから」などとはいえません。だからといって、ほかに考えられる理由もないので、そのまま帰宅してしまいました。

家でゴロゴロしていると、辞表が送り返されてきたので、それを持ってまた出社しましる。しかし、部長との会話は一向に進展しません。仕方がないので、辞表が受け取られるまで執拗に辞表を毎日提出したのです。

結局、辞めるまでに2カ月もかかったのですが、そのあいだは会社に行き、まじめに仕事をしていました。たった一瞬、まわりのすべてが「セピア色」になったことが原因ですが、一度も後悔しませんでした。

そして私は、大きなビジョンも持たずに会社から「外」に飛び出したのです。

3 なぜ、根源的なことを考えると運命が好転するのか？

高校のときに持った問いは「宇宙の仕組みはどうなっているの？　私は誰？」でした。これをほかの人にいうと、

「そんな根源的なことを考えても答えが得られるわけないよ。無駄なことに時間を使うより、もっと実用的なことを考えたら？」

と、いわれてしまいました。

しかし、この本の後半で述べるように、実用的なことを考えるということは運命の流れそのままだということがわかったのです。逆に根源的なことを考えることは、決まった運

命から外れることだったのです。そして「無駄なこと」を考えることで、私はお金という最も実用的なものを得たのです。

これを読んでいるあなたは、毎日実用的なことを考えることに費やしていると思います。

「お金儲けをしたい」

「素敵な異性をゲットしたい」

「もっと健康になりたい」

「やりがいのある仕事につきたい」

これらは皆、実用的な願いです。初詣でに行って神頼みするときも、実用的な願いをするのではないでしょうか。しかし、それで運命が大きく変わったでしょうか？

ところで、実用的なことを考えていたら、会社に辞表を出すことはありませんでした。どちらかというと、それまでは同僚がうらやむような境遇だったからです。

しかし、今は会社に勤めているときよりもずっと給与は高いのです。根源的なことを考えることで運命が好転したのです。

なぜ、そんなことが起こるのでしょうか

たとえば異性を好きになったとき、「実用的」な部分を好きになるのでしょうか？

そういう人は、あまりいないと思います。いたとしたら、たぶん、そのカップルはうまくいかないと思います。

実用的な部分というのは、狭い範疇《はんちゅう》だからです。その部分が気に入らなくなると、別れなければなりません。

全体を好きになった場合、どこが好きという理由がいえなくなると思います。そういう人にめぐり合えば、毎日が楽しくて仕方がなくなるはずです。一緒に暮らしていけば、新しい発見もあるでしょう。

それは相手だって察知すると思います。自分を全体的に愛してくれる人には、何でもしたくなると思います。

突然ぶっ飛んだことを書きますが、「時空」は生きているのです。自然は生きていると言い換えてもよいです。私たちを取り巻く環境は、恋人と同じなのです。

だとすれば、実用的な部分だけ要求して、それを実現してくれると思いますか？

4 37歳で「不思議研究所」設立を宣言した理由は？

26歳で会社に辞表を出した私は、コンピュータソフトの会社を作りました。意外にも順調に伸び、開発したソフトが郵政大臣賞を取りました。東証に上場する準備をお手伝いします、などという会社も現われました。そのままいけば、有名なIT産業の仲間入りをしたかもしれません(笑)。

しかし、37歳のある日の夜、寝ようとしたら「不思議研究所を始めよう」という言葉が浮かんだのです。何も考えずに隣りに寝ていた妻を起こして宣言しました。妻は少し考えてから、

「いいんじゃない?」

そう答えてくれました。

翌日は会社で、社員の前でもいいました。

しかし、実際に始めるのは5年もたってからです。なぜかといえば、私は社長であり、決裁のすべてを行なっていたからです。5年かかって社員に権限を委譲したうえで、私はインドでも中国でもフラフラと旅に出かけることができるようになりました。

そのとき、何が一番心にひっかかったと思いますか? それは、社員に食べさせてもらっているという罪悪感です。

私は会社で働いているわけではないのに、会社から依然として給与をもらっていたからです。でも、給与が途絶えれば生きていけません。

経理部長からは、

「社長のことはすでに諦めています」

といわれました。それでも私は「不思議研究所」をやめることはありませんでした。

なぜかと問われると、

「理由はないです」

と答えるしかありません。

会社に辞表を出したときと似ています。理由がないのです。

けれど、考えてみてください。

理由のある人生って面白いですか？

もっといえば、計画的な人生って面白いですか？

会社を辞めるときも、不思議研究所を始めるときも、無計画でした。突然降って湧いた考えに飛びこみました。そっちのほうが楽しいと思うのですが、あなたはいかがですか？

5 不思議現象は、宇宙の仕組みを解くための大切なアンテナ

「不思議研究所」という名前を見て、何を研究するところだかわからないという人が多いです。実際そのとおりです。研究対象を決めていないからです。なぜかといえば、私が凡

人だからなのです。

私は大学のとき、電波やアンテナの研究が専門でした。電波の発信点を見つけるとき、いろいろな方向から測定します。そして地図に線を引き、交差した点が発信源となるわけです。時間はかかりますが、誰でもできます。

しかし、天才肌の人は違います。直感が鋭くてダイレクトに方向を決めます。そして早いうちに発信源を見つけます。

ところで、私がもっている問いである「宇宙の仕組みはどうなっているの？　私は誰？」の答えを見つけた人はいたでしょうか？　いないと思います。ということは、見つけた気になっているだけです。だとすれば、天才肌の人は、本物の天才ではなかったことになります。

私はどのスタンスでいくか……、もっと天才をめざすのか、それとも……。

そうです。私は凡人に徹しようと思ったのです。

「犬も歩けば棒に当たる」といいますが、まさにそれです。

私は、念力超能力、蘇生超能力、仙人、幽体離脱、心霊治療、チベット密教、生まれ変わり、占い……と、あらゆるジャンルを調査しました。本書はそのエキスでいっぱいです。

しかし、かくいう私も、占いだけは信じていませんでした。本書の後半は占いがメインになりますが、最初に占うときは清水《きよみず》の舞台から飛び降りる気分でした。だって、これを読んでいるあなたも、運命が全部決まっているといわれても信じないでしょう？

私たちのアタマは、おそらく先入観でいっぱいなのだと思います。それが、大事なアンテナのいくつかを最初から切り捨ててしまうのだと思います。

でも、この本を手に取ったあなたは、他の人よりもアンテナが多いのです。興味の対象がそれだけ広いから、この本を買ったのだと思います。違いますか？

6 世界の不思議情報を集めるための「ネットワーク型増殖法」

本書に登場するのは、フィリピン、中国、アメリカ、チベットでの不思議現象です。あなただったら、どうやって情報を集めますか？　本で調べるかもしれません。インターネットで検索するかもしれませんね。でも、そういう情報をもとに調査を行なうということは、誰かの二番煎じです。

オリジナリティを大事にして自分独自の情報を得ようとすれば、インターネットも捨てなければなりません。

私がやったことは、新聞広告です。えっ？　そんなの誰でもやっている、という声が聞こえそうです。

そうです。物を売るために新聞広告はよく使われます。自分から情報を出すのが広告の目的です。

でも私は、情報を得るために新聞広告を使ったのです。しかも一度も行ったことのない国の新聞に広告を出したのです。

中国の新聞は紙面を有効活用するため、広告は真ん中の折り目を使います。

「不思議情報求む！　日本不思議研究所」

たったこれだけでも、30人を超える人から電話がありました。そして中国とフィリピンで2人の人物をピックアップすることになりました。それは案内人としてです。

超能力者からも電話がありましたが、私は案内人のほうを重要視したのです。なぜかといえば、案内人の向こう側には、たくさんの不思議能力者がいると思うからです。

それは正解でした。案内人はさらに案内人を探しました。そして案内人のネットワークができたのです。

今私が中国に行けば、即座にネットワークが動きはじめます。そして、私に不思議な能力者を紹介してくれます。1カ月滞在すれば、50人くらいには会えるでしょう。私自身は何もする必要はありません。ホテルで待てばよいのです。この手法を私は「ネットワーク型増殖」と呼んでいます。

しかし、最初インターネットを使って情報を集めたとすれば、ずっとその方法を使いつづけなければなりません。そのうちにネタも減り、調査はしだいに尻つぼみになります。ネットワークではなく「単発式」だからです。

もしも、あなたがビジネスをやっているとすれば、前者の手法がよいと思います。それを作りさえすれば、あなたは何もしないで売り上げを増やすことができます。

中国で得た占いの情報をテキストにして売りはじめました。その売り上げは会社にも貢献しています。経理部長も喜んでいます。今になって、やっと私は罪悪感から逃れることができました。そして海外調査はさらに拡大しています。

PART2　不思議現象――「中国編その1」

7 中国人考古学者「トラさん」の不思議

中国の新聞に広告を出し、私は初めて現地に入りました。

スーツケースを整理していると、ドアを叩く音がします。

コンコン。

開けると、そこには見たこともない中国人が2人立っていました。背の小さいほうが日本語でいいました。

「私たちも不思議なことが大好きです。ご一緒に旅行させてください」

私は新聞広告を出したことをすっかり忘れていました。

なぜ私が不思議なことを調査しに来たことを知っているのか？　この部屋にいることを知っているのか？

頭のなかはクエスチョンマークだらけになりましたが、答えが出ません。

私は怖くなってドアを閉めてしまいました。

翌朝は4時に出発することになりました。四輪駆動車に乗りこんで田舎をめざします。あたりは真っ暗でヘッドライトをつけて走ります。すると突然、道路に人影が現われました。

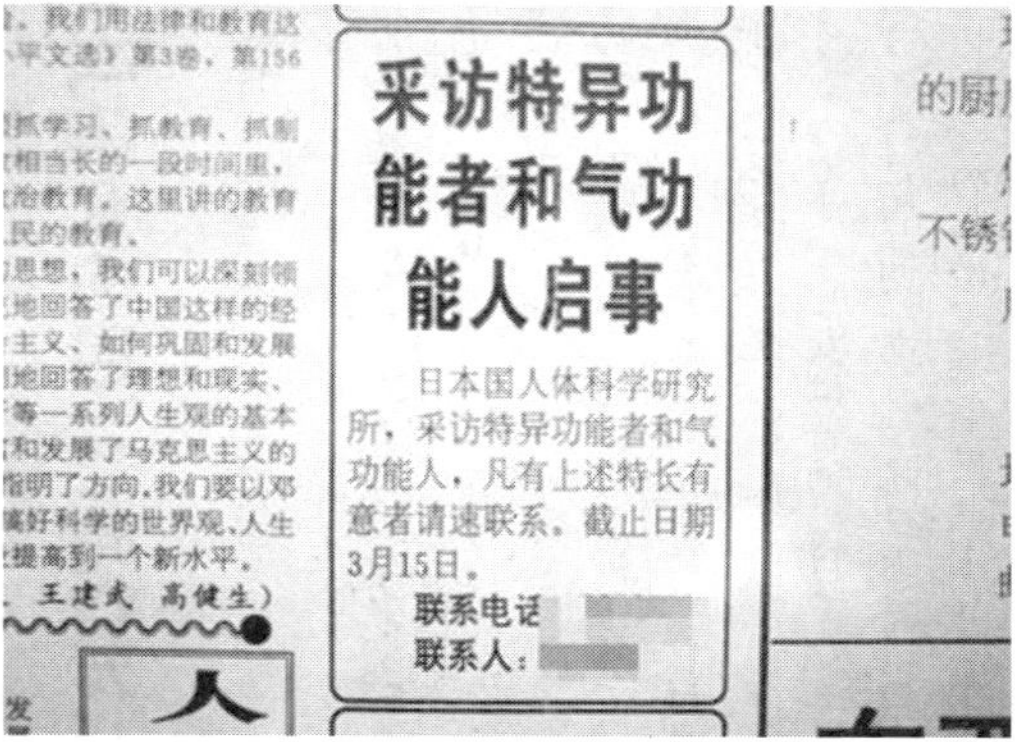
采访特异功能者和气功能人启事

日本国人体科学研究所，采访特异功能者和气功能人，凡有上述特长有意者请速联系。截止日期3月15日。

联系电话

联系人：

中国の新聞に掲載した募集広告

人影は車を停めると乗りこんできました。

「昨日は失礼しました。私も不思議なことが大好きです。ぜひご一緒させてください」

もう閉め出すことはできません。私の隣りに座ってしまったのですから……。

見ればジャンパーひとつです。2月の中国は氷点下20度を下回ります。いつから待っていたのでしょうか？

それよりも、私たちがなぜここを通るのを知っていたのでしょうか？

彼が考古学者で占いの古文書を発見した人であることは、あとから知ります。その占いを使い、日本人との縁ができることも彼は知っていたのです。彼の名は王虎応《ワンフーイン》……。

寅（虎）年生まれだそうです。それで私はトラさんと呼ぶようになりました。

私は卯（兎）年生まれです。彼は11歳年下です。

8 「第3の目」で時空を超えて透視してしまう女性

別の日のことです。私の部屋をノックする音が……。

コンコン。

ドアを開けると、そこには私よりも6歳ほど年下の中国美人が立っていました。そして私をじっと見つめます。

じ——っと……じ——っと……。

初めて会う人から、しかも至近距離で、真正面から何10秒も見つめられたことはありますか？　蛇に狙われた蛙のように、私は身動きがとれませんでした。そして情報がすべて吸い取られるようでした。

そうなのです。彼女は普通の目でなく「第3の目」で私を見ていたのです。

第3の目は眉間《みけん》にあり、インドでは第6チャクラといわれ、中国では天目《てんもく》と呼ばれています。彼女の名は、孫儲琳《ソンチューリン》。1957年に中国の武漢に生まれました。5歳のときに、彼女の天目は開きました。

友達と遊んでいるとき、地下1メートルに埋まっている壺、それも古銭がぎっしりと詰まったものを見たのです。

「みんな見て、この下に壺があるわよ！」

「何をいうの、何も見えないじゃない」

「ここ、ここよ、ちゃんと見てよ！」

孫さんは、みんなが自分と同じように見えているはずだと思っていました。

子供たちは笑いました。

「あなた、アタマが変になったんじゃない？」

しかし、その話を聞いた大人たちは翌日、彼女が示した場所を掘ってみました。すると、どうでしょう。驚いたことに、地下からは古銭のいっぱい入った壺が出てきたのです。

小学校に行くようになると、能力はさらに高まってきました。

すべての教室の境が取れ、ずっと続いているように見えてしまうのです。何人もの先生と、何個もの黒板が見えてしまい、自分がどの先生から授業を受けているのか、わからなくなるときもありました。

そして、透視能力は空間だけでなく時間も跳び越えることができるようになりました。その交差点を歩いていると、向こうから来る人の過去や未来が突然見えてしまうのです。その能力は高まる一方でした。

ある女性をじっと見ていると、昨夜彼女は、旦那さん以外の男性にお風呂でバックからエッチされている風景が見えてしまうときもありました（汗）。

私の目の前に40歳になった孫儲琳がいました。天目で私を見つづけています。金縛りにあったように私は動けません。

コンナコトも、アンナコトも見られているのでしょうか（汗）。

突然、彼女は私の脇をすり抜けて部屋に入ってきました。私は解放されましたが、まるで生気を吸い取られたかのように、フラフラと彼女の後をついていきました。

すでに孫さんはソファーに座っています。私に「清座《チンソー》（椅子にどうぞ）」といっています。どちらがお客か、わかりません。

自己紹介をしようとしたら「不要《ブヨン》」といわれたのです。

9 大学教授と私の目の前で青リンゴが赤リンゴに変わった！

孫さんが20歳のころ、沈《シン》教授はアメリカから帰ってきました。

当時の中国で、国費留学させてもらえる教授は相当なエリートです。彼の両親は音楽家

リンゴを手に載せる孫さん

リンゴとコミュニケーションを取っています

だったそうで、彼自身もピアノが弾けます。さらに彼は、つまり家柄もよかったのです。コンピュータサイエンスを学ぶために、国から留学を命じられたのです。帰国後は、中国の近代化を背負って立つ人として重要視されていました。

しかしある日、孫さんと出会いました。沈教授の運命が大きく変わった瞬間でした。

沈教授はアメリカで『植物にも人間の心が通じる』という本を読んだことがありました。もしかすると、彼女ならそれができるかもしれないと思った彼は、さっそくリクエストしました。青リンゴを渡して赤にしてくれ、といったのです。

私の前でも実演しました。

孫さんはリンゴを手の上に載せました。

普通なら、「エイッ」とばかり気合いを入れてエネルギーを送るところでしょう。能力者が登場するドラマなどでも、手からエネルギーを放射するシーンはよく出てきます。

しかし彼女がやったことは、リンゴと会話をすることだったのです。

これを彼女は「状態に入る」といいます。このとき一番重要なのは「リラックス」だそうです。私も何度も現場に居合わせました。

そのとき、沈教授は何をすると思いますか?

科学者だから注意深く観察を開始すると思うでしょう。しかし、彼は新聞を取り出して読みはじめたのです。そして、新聞に穴を開けて孫さんを見ています(笑)。

ときおり、紙面に書かれているゴシップネタを彼女に話し、彼女も軽く応答しています。

私も旅の途中で出くわしたバカ話(心温まるエピソード)を話します。

そのとき、孫さんがいいました。

「コンタクトが取れました。リンゴが私の天目にコピーされました」

そうなのです。孫さんは、現物のリンゴに対して何かをするわけではないのです。イメージを自分の天目にコピーして、それで何かの処理をするのです。

「何かの処理」といっても、主にやることはコンタクトなのです。

孫さんはいいました。

「このリンゴは女の子の声で話しかけてきました。窓をちょっと開けてほしいといっています。この部屋は空気が悪いそうです」

沈教授は新聞を置き、窓を開けます。

孫さんは続けます。

「リンゴは気持ちがよくなったといっています。赤リンゴになってもいいといっています」

次の瞬間です。孫さんの手のなかにあった青リンゴが赤リンゴに変わっていました。

10 導師にみちびかれて体験した「6次元」の世界とは？

前述の女性とは別の人です。歳は孫さんよりも5歳ほど若く、名前は文筱萍《ウェンシャオピン》。仙人のメッカといわれている江西省の生まれです。この人のことを私は導師と呼びました。

「導師」とは中国語では教習所の教官などを呼ぶときに使われる敬称なので、本来は「老師」というべきです。しかしアニメやゲームの世界では、不思議な世界へ導く役目をする人を導師と呼んでいますので、彼女の許可を取り、導師と呼ばせてもらうことにしました。

その命名のとおり、彼女は私を6次元の世界に連れて行ってくれたのです。

「6次元の世界ですか？　そんなの想像の世界でしょう？」という人がいるはずです。

実は私がそうでした(笑)。

しかし、そのとき私の頭上には6次元の図が描かれた鏡がセットされていたのです。その図は6次元の世界に描かれた立方体です。数学的に正確に描かれていました。

6次元の図の下で、横になった私は辺の数を数えました。「おお、各コーナーからちゃんと6本ずつ線が出ている。ということは、数学的にも正しい6次元の立方体だ」とつぶやきました。

その日は満月でした。月光に照らされた6次元の図は、とても綺麗でした。

導師は、私の天目に指を当てました。すると眉間が熱くなってきました。

次に導師は、私の周囲で舞を始めました。

見ると目の前に気球が降りてくるではありませんか……。私はそれに乗りこみました。気球がフワッと上がりました。下にはなんと、私の肉体が見えます。ということは死んだか、もしくは幽体離脱をしたのです。

上空に上がると、虹色の雲に包まれました。

驚いたことに、私がどんどん若返っていきます。

高校のころに戻り、さらに中学のころ、そしてヨチヨチ歩きのころを過ぎ、最後には胎児に戻りました。

あるがままでよい……そんな声が聞こえました。

気球は下降を始めました。そして私は肉体に戻りました。

3分くらいだと思っていましたが、なんと3時間半も経過していました。

このあと、私にひとつの変化があったことに気づきました。

私の視力は0・4前後だったのですが、1・0に上がっていました。それまでは、メガネなしでは映画の字幕が読めなかったのに、メガネがなくてもはっきりと見ることができるようになったのです。

さらに、この経験から3年以上経っても視力が落ちないのは、自分の部屋に飾ってある6次元の図に秘密があるのかもしれません。

11」なぜ、仙人たちは山中ではなく、経済都市シンセンに住むのか?

導師が住んでいるのは、シンセンという都市です。

シンセン市は、とても発展している都市です。高層ビルが立ち並び、中国というイメージとはほど遠いのです。

歩道も広く、街路樹も豊かです。台湾よりも南に位置し、椰子の木が揺らいでいます。

中国には最近、

「自分の経済的位置を知りたかったらシンセンに行け。自分の社会的位置を知りたかったら北京に行け」

ということわざがあるそうです。つまり、自分は金持ちだと思っても、シンセンに行くと、シンセンのみんなが自分よりも豊かだということを知るらしいのです。自分は地位が高いと思っても、北京に行くと、みんなが自分よりも地位が高いことを知るらしいのです。

シンセンは、中国共産党が自由を保障する実験都市としてスタートしました。当然、若者にも茶髪がいます。外国企業の進出も多く、求人数は求職者を上回っています。だから大卒は、たいていシンセンに移住を希望するらしいのです。

北京では、街に喫茶店は、ほとんどありません。しかし、ここシンセンにはあるのです。それもモカとかキリマンジャロとかの本格的コーヒーを出してくれる店です。値段もコーヒー1杯が400円もするから日本並みです。そういう店が繁盛しているのです。

孫さんは北京に住んでいます。私がシンセンに行ったあと北京に行くと、よくいわれたものです。

「森田さん、またシンセンの女に会ってきたのですか？」

「はい……」

としか答えようがありません(笑)。

シンセンはいまや、中国の模範都市になりました。上海ですら、第2のシンセンをめざしています。

そこに「仙人」が住んでいるのです。なぜでしょうか？

文化大革命で道観(道教のお寺)が壊されたことも理由のひとつです。田舎に仙人の拠点がなくなったのです。しかし、もっと大きな理由は、仙人の教えにあるのです。

仙人になるためには「4つの徳」が必要なのです。そのひとつが「財」、すなわち経済力です。もうひとつが「地」、すなわち価値のある不動産です。もうひとつは「法」、すなわち世渡りの能力です。これらはすべて都会にあるものです。

導師は次のようにいいました。

「マーケットで悟れ」

つまり、山のなかで悟ってもなんにもならない、という意味です。

経済都市シンセンは、そんな仙人にピッタリの都会なのです。

ところで徳の話を聞いたとき、冗談だと思いました。だってイメージしたものと逆じゃないですか。世俗を捨てているのが仙人だと思っていたからです。だから次の話を聞いたときは、もっと驚きました。

12 酒を飲み、女と寝るだけで「仙人」になれる？

仙人になるための4徳の最後が「侶」、すなわちガールフレンド（またはボーイフレンド）です。

配偶者の他に遊べる異性がいないと、仙人・仙女にはなれないのです。

実際に、それで仙人になった人がいました。中国には「八仙」と呼ばれている8人の有名な仙人がいますが、そのなかのひとり、呂洞賓《リョドウヒン》という人です。

彼は中途半端な修行、すなわち女性とセックスしてイカないのを繰り返し修行していました。それも遊女通いをして、とっかえひっかえ遊んでいました。

彼の肖像画には、とっくりまでぶら下げたものが描かれているので、夜は酒を喰らっていました。しかも「寝技」まで開発した人です。「リョドウヒンスリーピング」という名前で呼ばれ、私も導師から指導を受けました。

片手を枕にして、もう一方の手は腰に置き、横向きに寝るのです。

「なーんだ、普通じゃん（笑）」

そうなんです。ここに何の意味があるのかという感じです。

「八仙海を行く」の絵

背に刀を差しているのが呂洞賓

ところが、これぞまさに仙人修行なのです。中途半端だって山頂をめざしてはいけない、それが修行なのに終わらせないといけない、それが修行なのです。でも私は男性なので、イカない修行がイク修行よりも大変であることを知っています(笑)。

ですが、さすがの呂洞賓も、イッてしまったことがあるのです。

遊女の館で、

「俺はイカないんだ。誰か俺をイカせてみろよ」

と豪語していました。

そのとき出てきたのが、何仙姑《カセンコ》という遊女です。

彼女は前戯のテクニックがうまくて、それに感じまくった呂洞賓は、とうとうイッてしまったのです。それが評価されて、遊女何仙姑は仙女になったのです。

八仙には、こういうとんでもない話があるのです。

そして、八仙が中国の全階層に受け入れられているのは、もとは全員が普通の人間（凡人）だったことです。しかも苦しい修行などせずに仙人になったのです。だから描かれている絵のなかで仙人たちはリラックスしてみんな笑っています。

ところで、この本は「99の謎」というタイトルですが「イク直前」ということで、縁起がよいと思います。

13 「無為自然」の子供心を取り戻せば「仙人」になれる？

導師はよちよち歩きができはじめたころ、近くの湖に行きました。すると、おばあさんがいました。おばあさんは150歳だといいました。

数日後に行くと、おばあさんは水面を歩いていました。そうです、仙女だったのです。

ところで、中国では仙人より仙女のほうが圧倒的に多いのです。ですから、ここでは男女の区分けはしないで「仙人」で統一します。

ところで、仙人にはどうやったらなれるのでしょうか？　それは道教を極めることです。

正確にいえば、極める一歩手前で止めるのです。現代的にいえば、「中途半端な修行」をするのです。もうひとつは、「ハンドルを手放す修行」です。

道教は「道」＋「教」と分解できますが、「道」は中国語では「タオ」と読みます。つまり、タオの教えなのです。日本語の「道《みち》」と同じ意味です。

私たちの人生は、「道」（タオ）でもともと決まっているというのです。決まっているのに、ハンドルを握ったって仕方がない、というわけです。

道教の開祖である老子は、「無為自然」といいました。言い換えれば「為さずして為す」です。

「為す」というのは意識的にすることです。逆に「無為自然」はモノゴトを意識的に行なうのではなく、自然にしなさいということです。

だから「中途半端」でよい、というのです。もしも完璧をめざせば、そこには目標というものが意識されてくるというわけです。

以上の教えをひとことでいえば、「あるがままでいい」ということです。

「なんだ、簡単じゃないか」と思う人は多いはずです。

しかし、「あるがまま」という状態で生きることは、意外に難しいのです。

もしもあなたが人前に出たとすれば、ひとかどの人間に見られたいと思うはずです。少しカッコつけたこともいうはずです。そして家に帰り、グッタリとします（笑）。

しかし、人間はあるがままに生きていれば、ストレスは溜まりません。心に思う以上の親切はしないので、見返りを期待することもありません。仕事だって中途半端にしますから（笑）、昇進から外れても愚痴をこぼしません。

ですから、道教という宗教に入っても、精神的成長はありません。むしろ後退するといっても過言ではありません。

しかし、その「後退」がキーだったのです。子供心を取り戻せば、心身ともに年をとらなくなり、仙人になれるという教えだからです。

14 若返り効果のある「仙人風呂」って、混浴なの？

シンセンの山中に入り、バンガローで修行したときのことです。夜になると仙人風呂に入りました。

その実体は……。

期待しないでください。どうってことありません（笑）。

お湯を沸かし、そのなかに植物のエキスを入れ、そこに浸かるだけです。

その植物は、導師が高層マンションの屋上で鉢植えで育てています。ベランダで簡単に栽培することができるそうです。山中奥深く入って採取するものではありません。都会で生きるのが仙人だからです。

その植物は、日本にはありません。シンセンから持って帰り、日本に植えようと思いましたが、通関手続きが面倒そうなのでやめました。

その植物をグツグツ煮て、エキスを出すのです。そして、葉ごと湯船に入れます。すると、お湯はドロドロになります。しかも緑色です。

ここに、私は裸になって入りました。

すると35歳前後の人妻が、私のからだを洗いに来てくれました。彼女も仙人修行に来ていたのです。

彼女は「修練服」と呼ばれるものを身につけていますが、これがまた、ヒラヒラです。透き通るような薄い生地でできています。ゆるゆるのチャイナボタンで留めるので、すぐにパラリと開いてしまいます。すると前は全開になります(汗)。

あうっ、すでに私は、下半身制御不能状態に入りました(笑)。

彼女は私を洗いはじめましたが、タオルは使いません。素手です。しかも液体は緑色で、ヌルヌルです。わたしに触る彼女の手も当然ヌルヌルです。

これで勃起しない男性がいたら、もはや「不能」です。

ヌルヌル、ヌルヌル……。

私は全身を触られて、すでにイキそうです。前から手を回して背中を洗う（さする）ときなど、目の前に半分ほどはだけた胸が見えます。

「フィニッシュは人妻の胸の谷間で」といいたいところですが、イッてはいけないところが、仙人修行なのです。

しかし、回春効果は、ちまたの風俗よりも強力だと思います。これが仙人風呂です。

ところで、実際に私が会った最高年齢者は145歳でした。彼は100歳を過ぎてから2人も子供をつくっていました。導師が主催する修練には、必ず男女が揃っています。そして、お互いに協力しあうのです。

仙人風呂は混浴ではないですが、おそらく混浴そのものよりも若返り効果があると思います。

15「あるがまま」をヨシとする仙人修行が「食」に厳しいのは、なぜ?

仙人はカスミを食べているわけではありません。絶食を続けるわけでもありません。ですから、一般的な意味での厳しさはありません。

食べる順序が厳しいだけなのです(笑)。

仙人修行は、シンセンの山のなかで約1週間行なわれました。

それに先立ち、導師はスーパーマーケットに行きました(汗)。

「(汗)」とつけたのは、仙人は、自然のなかに生えているものを食べる、と思っていたからです。あなただってそう思うでしょう？

スーパーに入ると、私は買い物カゴを持ち、導師のあとをついていきました。

導師はバナナの前で立ち止まりました。そしてよさそうなバナナを選びました。

次はリンゴです。

次はキュウリです。

次は落花生です。

次はニンジンです。

次は鳥の丸焼きです。

次はブタの姿煮です。

すでに私はクラクラしてきました。

これが仙人食か？

ところで、最後の2つは「予約」をしただけでした。

バンガローに戻り、修行開始です。

朝は、仙人スープだけでした。仙人風呂に使った植物でスープを作ったのです。

仙人食の葉の味は、ほうれん草と小松菜を足して2で割ったような感じで、私にとってはとても美味しいです。

昼は、ニンジンとリンゴとバナナと仙人スープと落花生でした。

夜は、ニンジンとキュウリとリンゴとバナナと仙人スープです。

落花生に手を伸ばしたら、

「それを食べてはいけません」

と怒られたのです。昼間はいいですが夜はダメだというのです。

おまけに、昼間、落花生を食べたあとにニンジンをもう1本食べようとしたら、それも怒られました。メインディッシュ（ニンジンはメインなのです）を食べたあとは果物しかダメなのです。

これらの規則を覚え終わるころ、修行も終わりました。

6次元の旅があり、それが終わったのが深夜0時。それから打ち上げパーティーです、酒を飲みながらドンチャン騒ぎです。

予約してあった鳥の丸焼きとブタの姿煮も出てきました。

欲望を肯定する仙人が、カスミを食べているわけがありません。

しかし「あるがまま」をヨシとするのに、食生活に規則があるのはなぜなのか、実は私にもわかりません。

16 スーパーで買った煮豆を指さすと芽が出てくる不思議

北京に住む孫さんの話に戻ります。

青リンゴが赤リンゴに変わったことは、すでに書きました。これで驚いてはいけません。

孫さんが成田から北京に帰る前日、私たちは九十九里浜の貸別荘に泊まりました。

自炊をするのでスーパーマーケットに寄りました。お惣菜コーナーで孫さんは「煮豆」を買いました。

ウーロン茶で乾杯し、自家製中華料理を食べました。そのあと沈教授と私は煮豆をおつまみにしてビールを飲みました。

しばらく談笑が続いたあと、孫さんは煮豆のなかから、ひとつ持ちました。孫さんは気持ちよさそうに体を揺らせました。

ニョッキリと出た芽

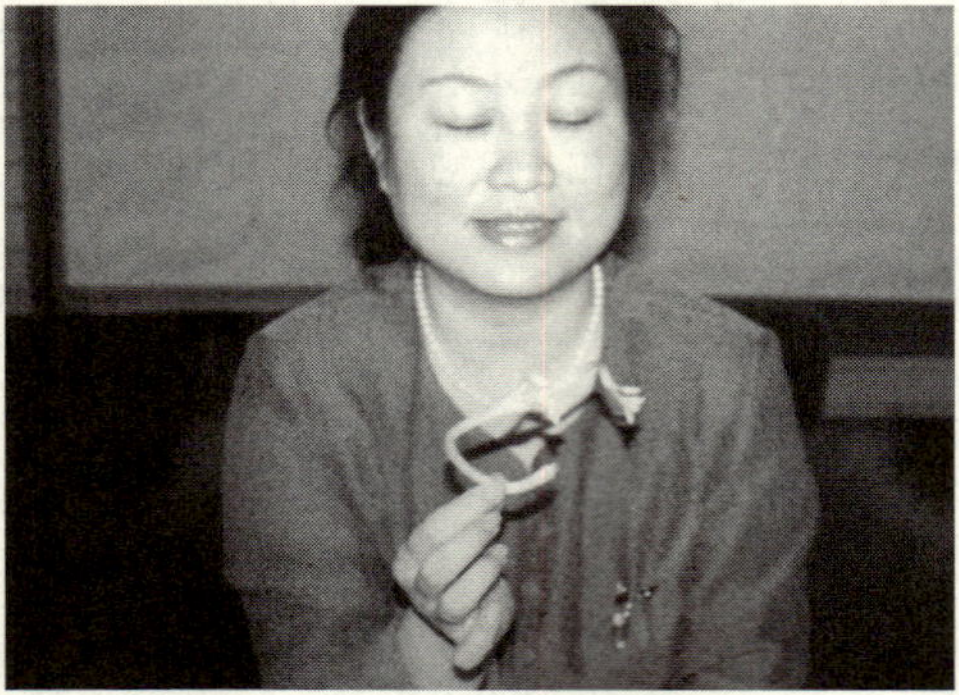
元は美味しい煮豆

そして、ゆっくりと煮豆を指さしました。次の瞬間です。煮豆から芽が出たのです。なんと、それは20センチもありました。アルミのケースが小さかったので茎がケースに沿って曲がってしまいました。

宮崎駿の「もののけ姫」を見たことがありますか？　生命をつかさどる大神様を捕獲するというシーンがあり、大神様に火縄銃を向けます。そのとき、火縄銃の木の部分（火縄銃は手に触れるところが木製）から新芽が吹き出してきます。まったくあのシーンにそっくりでした。

でも、大神様とて、炭になった状態の木から芽を出せるでしょうか？　孫さんの場合、煮豆は一度、生の豆に返っているはずです。そして初めて芽を出せるのです。

時間は一度戻り、そして進むのです。孫さんが煮豆から芽を出すシーンは、何度も何度も見ました。そして芽が出たものは、わが家のベランダに植えてみました。すると、秋にはたくさんの豆が収穫できたのです。もとはといえば「煮豆」でした。

17 赤リンゴが青リンゴに変わったのは、若返ったからか？

まずはプチトマトのような実の話からです。

奈良の唐招提寺に行ったときのことです。入り口に3体の仏像がありました。一番右が千手観音でした。そこを通って境内に入ろうとしたとき、孫さんはいいました。

「あらこの仏像、生きているわ。私に話しかけてきた。境内の奥のほうにプチトマトのような実があるから、それを持ってきなさいって……。赤いのがいいって……。そして、この場所に戻って両手を合わせれば、若返るって」

境内の裏に行くと、プチトマトのような実がありました。そのなかから真っ赤に熟したのを選んで取りました。

孫さんは千手観音の前に戻ると、赤い実を両手の真ん中に入れて合掌ポーズを取りました。手のあいだから赤い実が確認できます。

唐招提寺の前で

手に載っている青くなった実

数秒祈った瞬間です。赤い実が青くなっていました。

リンゴの話でもないのになぜ書いたかといえば、唐招提寺の千手観音は若返りエネルギーを持っているのではないかということです。孫さんは外部の力を借りることがよくあるからです。中国に行くのは大変ですが、唐招提寺なら近いです。それも入り口の仏像で、なかのほうにある仏像は死んでいるそうです（笑）。生きている千手観音の前で祈れば、いろいろな願いも叶うかもしれません。

ほかでは、飛鳥古墳のなかもすごいということです。あのなかにしばらくいると、超能力が強くなるといいました。たとえば、1円玉を天目につけると、1個は汗でつきます。しかし2個3個と重ねていくことができるのです。凡人の私ですら3つつきました。顔は普通に前を向いたままですから、普通なら下に落ちますよね。

やっとリンゴの話題です。

以前は青リンゴを赤リンゴに変えましたが、赤リンゴを青くすることもできます。そのとき、トリック防止のためにリンゴに細い針金を入れたりしました。

すると孫さんはいいます。

「コンタクトが取れました。でもリンゴは痛い痛いといっています」

こっちの仕掛けたトリックが、見破られてしまいました。

青く戻ったリンゴは、味も酸っぱくなっていました。ということは、すべて若返ったのだと思います。

18」ゆで卵が生卵に変身したのは、時間を操作したからか？

コトの始まりは、日本の旅館でした。朝食には卵がまるごと出ます。それは生だったり、ゆで卵だったりします。それをご飯とともに食べます。

中国では、こういうスタイルは少ないです。卵は料理のなかに混ざります。つまり１個がまるごと出ないのです。

和式の朝食で、私は生卵をポンと割ってご飯にかけて食べました。孫さんはそれをしばらく見ていましたが、数秒の瞑想状態をしたあと、自分のお膳にある卵を指さしました。そして割ると、半熟のゆで卵になっていました。

私は駆け寄って、ゆで卵に触ってみましたが、特に温かくはありません。ということは、熱処理をしないで〝ゆで卵〟を作ってしまったのです。

翌日は別の旅館に泊まりました。

朝、私が卵を割ると、ゆで卵でした。

孫さんは私に聞きました。

「日本では統一性がないのですか？」

「はい、法律で決まっていないので……」

「森田さんのは堅いですか？」

何が堅いのか？　しばらく考えたあと、ゆで卵の話題だと気づきました(汗)。

「そうですね、ちょっとゆですぎです」

孫さんはそれを聞くと、また瞑想状態に入りました。お膳の卵を指さしたあと、それを割ると、半熟になっていました。

ゆで卵が生卵に！

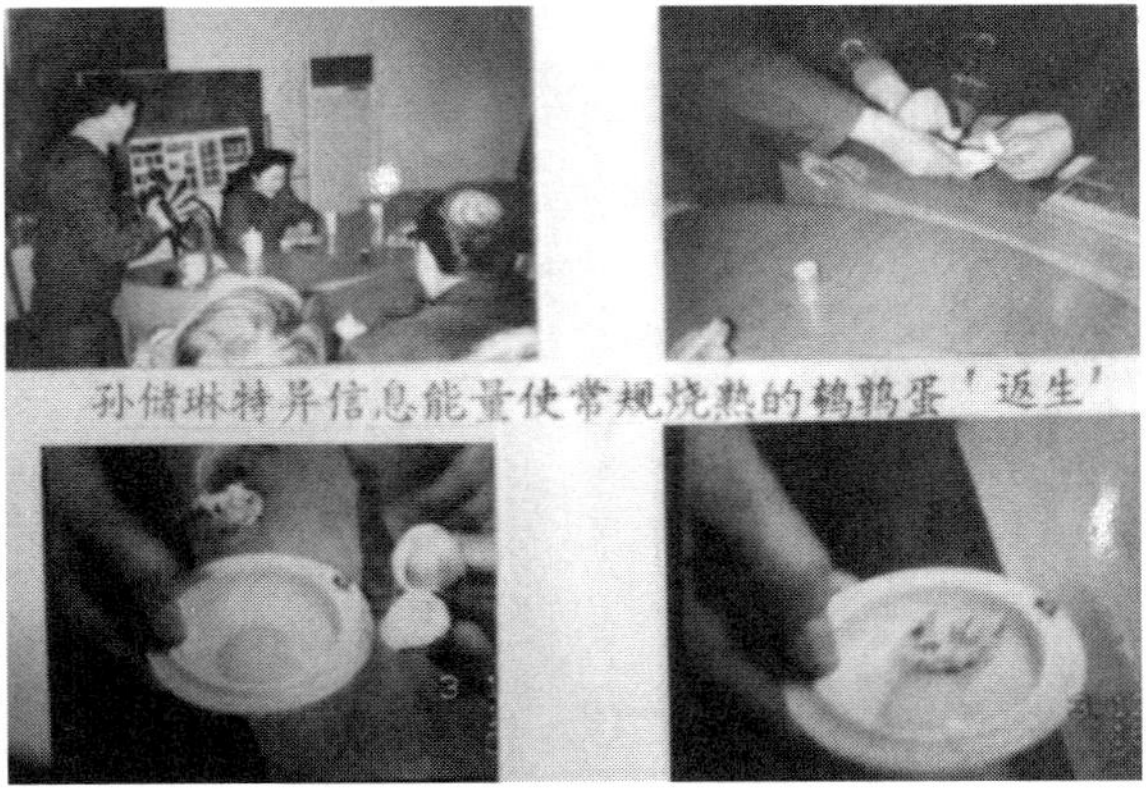

卵は 3 時間もゆでたものを生に戻す

天津栗を生栗に戻す！

別の旅館では、戻しすぎたときもありました。卵がブヨブヨになってしまったのです。表面の固い殻がないのです。

孫さんはいいました。

「ニワトリのお腹にいるときの状態に戻してしまったわ」

孫さんは、食べ物なら比較的簡単に時間を前後させることができます。

中国では街角で天津甘栗を売っています。私も大好きです。それをナマの栗に戻すのも朝飯前です。

ある日、孫さんの前に死体が運びこまれました。

しかし、死体は生き返りませんでした。

「人間を生き返らせたり若返らせたりするには、まだまだ私の力が足りないわ」

といいました。

19 仰天！「テレポーテーション」のできる軍人がいた！

このページは少々、理系がかっています。理解できなくてもオーケーです。

その日、私はテレポーテーションの実験器具を用意してありました。

まず完全密閉できるビンで容量は４５０ｃｃです。

次にビンから出してもらうものは、直径２センチの木のボールです。ボールは15個用意しました。

そのボールひとつひとつの、地球でいえば赤道にあたる部分に、溝を彫りました。その溝に合わせて細いゴムをはわせ、固結びできつく閉めます。

なぜゴムを結んだのでしょうか。

ゴムは３次元でしか結べません。４次元以上になると、空間の自由度が高くなって、ゴムはほどけてしまうのです。

このビンには、もうひとつ大事な仕掛けがあります。デジタル気圧計をセットしました。そのビンをテーブルの上に置きました。

私が見つめるなか、超能力者はビンに意識を向けました。

外に出してある予備の気圧計が、外気圧は１０１３ヘクトパスカルであることを表示しています。ビンの内気圧は１０１７です。

なぜ高いかというと、ビンの口を閉めたのが、私のホテルの冷蔵庫のなかだったからです。部屋の温度が高いので、ビンのなかの空気が膨張したのです。

こうすることによって、もしも、彼が何らかのトリックを行なって、ビンの口を開けた

密閉されたビンからボールが……

15個のボールの1つが著者の手に！

なら、その瞬間に内気圧も1013になり、トリックを見破ることができるからです。

ビンの容積と木のボールの体積の比から、もしも、出した瞬間に気圧が減るとすれば、9ヘクトパスカル減らないといけません。すなわち1018になるはずなのです。

彼は、私の手のひらをテーブルの下にもっていくようにいいました。なんと彼はそこに出現させるというのです。

私は木のボールの数を数えました。15個ありました。内気圧は相変わらず1017です。彼が1メートルも離れた位置からビンを指さした瞬間です。私の手のひらの上に、木のボールが1つ載っていたのです。

ビンのなかのボールの数を確認しました。14個に減っていました。次に気圧計を見ました。１０１７ヘクトパスカルのままでした。さらに、ボールに巻いたゴムを確認しました。結び目はほどけていません。

彼は物をどこにでも移動することができます。車を指さしたら消えて、指定された場所に出現させたそうです。

彼は、中国軍の幹部です。超能力者として採用されました。中国と戦争をすると、どうなるでしょうか？

テーブルに超小型プラスチック爆弾を置き、それを指さした瞬間、敵国の大統領官邸に移動させることも、できないことではないです(汗)。

20 「ＵＦＯ」がテレポーテーションで現われたとすると？

「水槽のなかにＵＦＯがあったとします。そのＵＦＯがもう１つの水槽に移動したとすると、２つの水槽の水位は変化するでしょうか？」

単純に考えれば変化するに決まっています。一方から出て、一方に入るのですから……。

正解は「変化しない」です。中国軍の超能力者がやった実験では、気圧が変化しなかったからです。

瞬間物質移動で出現する物体は、その物体の中心部も外壁も同時に出現する可能性があります。

だとすれば、出現する場所に存在する水は逃げ場がないのです。ですから水槽にあったUFOはもう1つの水槽に出現したとたんに、水と合体してしまうのです。

もちろん、なかに人が乗っていれば、人の細胞も水と合体します。水のなかにバクテリアがいれば、それとも合体します。

昔、『フライ』という映画がありました。瞬間物質移動の実験をしていた科学者が、そこにいたハエと合体してしまうという映画です。科学者は、そのうち羽が生えてきてハエ人間になってしまいます。もしも、水槽にハエが浮かんでいれば、ミニチュアUFOの乗組員は、ハエ宇宙人になってしまいます。

これが起こらないようにするためには、空間を瞬間的に交換しないといけないのです。UFOが出現するべき場所の空間とUFOが存在していた場所の空間とを交換するのです。こうすることによって、UFOが出現する空間は瞬間的に真空になります。

実は、この原理はタイムマシンでも同じです。もしも、タイムマシンができたとすれば、空間交換の作業は時空を超えて行なわなければなりません。数あるSF小説のなかで、この原理を述べている作品があったでしょうか。

たしかに、タイムマシンが出現する空間には壁があってはいけない、というものはありました。しかし、本来は空気さえもあってはいけなかったのです。

こうして考えると、お空にＵＦＯがテレポーテーションで現われた瞬間、地球の大気は減っているはずです。その大気は、ＵＦＯがもともといた宇宙空間に行ってしまうからです。

ＵＦＯさん、地球を救うのもよいですが、酸素をこれ以上減らさないでね～。

21 3次元空間には「別世界」がたくさんある？

瞬間物質移動における空間交換とは、どのような原理でしょうか。

私は自分の仮説を「シャボン玉理論」と名づけました。シャボン玉の内部を別の３次元空間だとするのです。

ストローでシャボン玉をふーっと大きくしているときに、木のボールはシャボン玉のなかに入ります。そしてシャボン玉がストローを離れた瞬間に、木のボールは私たちの３次元空間からは切り離されます。そして、ふわふわと飛ぶかどうかは知りませんが、ビンの壁面を出て私の手の上の空間に移動します。この一連の移動は、私たちの３次元空間を使ってはいません。無の空間、もしくは4次元空間を移動しているのです。そして私の手のひらの上で、私たちの空間と一緒になります。

同じ動作が、私の手の上の空気でも起こります。ボールと同じだけの空気が、もう1つのシャボン玉で移動してビンのなかに入ります。

こうして瞬間移動は完成し、気圧の変化は生じません。

以上が私の仮説です。

もしも、この理論が正しいとすれば、私たちの、世界に対する考え方は一変するはずです。3次元空間は、少なくとも意志により、いくらでも分割可能となります。私たちの大地も、切り取り可能を意味します。不動産を動産と考えなくてはならないかもしれません。物的存在は、それこそ「仮のもの」になります。

物はあの世には持っていけない、とよくいわれますが、この世でさえも、大した意味をもたなくなります。

最も大きな発見は、私たちが自分のアイデンティティの拠《よ》り所《どころ》としているこの肉体も、まるきり借り(仮)物だということになります。

PART3 不思議現象——「中国編その2」

22 中国奥地に、前世を記憶する「生まれ変わりの村」

私は寅(虎)年生まれの考古学者「トラさん」を伴って、中国全土を回る不思議現象の調査を行なっていました。

ある日、中国の小さな空港で乗り換え便を待っていたときです。トラさんが私に聞いてきたのが、コトのはじまりでした。

「私のふるさとの近くには、生まれ変わりの記憶をもった人がいます。行ってみますか?」

さっそく予定を変更して、そこに向かいました。

国際空港のある都市から飛行機で向かい、1泊して翌朝6時、車を借りて出かけました。7時間かけて到着したのが「生まれ変わりの村」です。もちろん現地では、誰もそんな名前で呼んでいません。私とトラさんがこの村を勝手に「生まれ変わりの村」と名づけたのです。

この村は鉄道もなく、標高も2000メートルもあり、他の地域との交流が少ないので自分たちの村で起こっている「生まれ変わりの記憶」が特別なものだとは、誰も思っていないからです。

中国政府もそこを調査したことはなく、ましてや外国人が調査に行くのは、私が初めてだということでした。

生まれ変わりの村に初めて来たのは、２０００年のことでした。その後、トラさんを主要案内人として毎年、村を訪れることになります。

現地では、案内人が集めた前世記憶者の情報をもとに、生まれ変わりについて調査を行ないました。２０００年から２００４年までの４年間で23の事例が集まり、２００８年７月に『生まれ変わりの村①』（河出書房新社）として出版しました。

その後も情報は集まり、84件になりました。『生まれ変わりの村③』までが出版計画に入っています。

「私の前世はクレオパトラです」などという人もなく、現実的な生まれ変わりの事例がたくさん集まりました。

死んで隣りの家に生まれ変わった人もいました。一方では、お葬式をして、一方では子供の誕生を祝っていたそうです。

ところでこの村では、生まれ変わりという概念が定着しています。ですから、お葬式はまるで「お祭り」です。笛や太鼓を持った人が先頭で演奏し、踊り子もいます。

紙でできた可愛い女の子の像を持っている人もいます。故人がエッチな男性だったから、あの世でも困らないように送ってあげるのです（笑）。

死んだ人に対してだけではありません。死に対して「あっけらかん」なのは生きている人も同様です。村の住人は、20歳を過ぎると自分の棺を作り、納屋に保管します。いつ死んでも困らないようにです。

途中で体形が太ったときは、作り替えるそうです（笑）。

23 狼に咬まれて死んだ少年が女の子に生まれ変わった

以下の事例のなかで「私」と書いているのは、生まれ変わりの村の人の言葉で、「僕」と書いているのは取材をしている森田のことです——。

前世は男の子でした。

8歳のとき、河原で牛に水を飲ませていました。すると狼が出てきて、襲いかかりました。姉もいたのですが、子供ですからどうしようもありません。姉が泣き叫ぶと、大人が助けに来ましたが、すでに遅かったのです。狼に首を咬みつかれ、死んでしまいました。

でも肉体は死んでも、私は生きていました。魂になって一部始終を見ていたのです。

しばらくすると、お父さんがやって来て、

「やっと男の子が生まれたと思ったのに、死んでしまいやがって……」

そういって、悔しそうに私の体を蹴とばしました。

お父さんは、さらにいいました。

「きっと縁があればまた会えるだろう……」

その言葉を聞いたとたん、私は別の世界に行きました。たぶん「あの世」です。

そこにはお寺のような建物があり、そのなかでゆっくり休みました。

そのあとは記憶が薄れてきて、よく思い出せません。

鮮明な記憶が復活するのは、今世に生まれる家の暖炉のそばでした。

私は暖炉の陰に隠れていました。暖炉の向こうには妊婦がいました。新しくお母さんになるべき人です。まさに赤ちゃんを産もうとしていました。私はそのお腹のなかに入ったのです。

精子と卵子が結合する瞬間ではなく、すでに胎児となった状態のところに入ったようです。それは一瞬でした。私の手が小さくなり、赤ちゃんになったことがわかりました。

男としての記憶はここまでです。私は女の子に生まれ変わったからです。

時は流れました。

4歳になったときのことです。お母さんが私を親戚の家に連れて行きました。そして帰りが遅くなったので、

「泊まろう」

といったのです。私は、

「いやだ、おうちに帰りたい……」

と、駄々をこねました。するとお母さんはいいました。

「こんな暗い道を帰ると、狼に食べられるよ!」

その言葉を聞いたとたん、体に電流が走り、すべてを思い出したのです。

前世の村の名前も、前世の両親の名前も、前世の家の状況も、死んだときの様子も詳しく話しだしました。

しかし、話している最中、激しい頭痛に見舞われました。その後も誰かに前世のことを聞かれるたびに頭痛がして、必ずといっていいほど、あとから病気になりました。

それでも、どうしても前世の家に行ってみたくて仕方がありません。なぜなら、前世の両親のほうが今の両親よりも、ずっと親切に思えたからです。

そのうちに、どの家が前世の家だったか確定しました。それは、今の家から15キロほど離れたところにありました。前世の家に行きたいというと、今の両親からは反対されまし

た。

13歳のとき、前世の姉が訪ねて来ました。私はその人を見た瞬間、姉だということが感覚でわかりました。しかし、姉のほうはピンときません。なにしろ、弟が女の子になっているのですから……。

それでも、昔どんなことをして遊んだか、私たちの部屋には何があったか……などを話していくと、それらがすべて当たっていたので、目の前の女の子（私）が、弟の本当の生まれ変わりだと信じてくれました。

「前世の家は、ここから15キロしか離れていません。森田さんが乗ってきた車に乗せてもらえれば、案内できます」

こうして私たちは前世の家に行きました。

前世の家での姉の証言――。

「弟が狼に食べられたとき、私は何もできませんでした。彼は３回立ち上がりました。でも４回めに倒れると、もう二度と動きませんでした。その後、生まれ変わったということを伝えてきたのは20年もたってからです。弟は９年間、あの世にいてから生まれ変わったのですが、その情報が入るまで11年もかかったのです。私は弟が生まれ変わっていてくれて、本当に嬉しかった。狼に食べられて地獄に落ちたと思っていたからです。でも不思議です。あのときは弟だったのに、今は妹なのですから……」

質疑応答――。

僕は生まれ変わった彼女に聞きました。

「死ぬ瞬間、生まれてからそれまでの人生のパノラマを見ましたか?」

「そんなの、見ていません。死んだ直後から新しい展開がどんどん始まったからです。パノラマなんて見ている暇はありません」

「前世を反省するような場面は、ありましたか?」

「それもありません」

「今世に生まれるとき、家や両親を選択してきましたか?」

「何かにコントロールされていたような感じは、まったくありません。しかし、私の考えで選択をした感じでもありません」

そして、最後に聞きました。

「生まれ変わることを体験したあなたは、もう死ぬのは怖くないですか?」

「怖いです。一度体験したといっても、やはり未知の部分は多い世界ですから……」

(『生まれ変わりの村①』より)

24 牛に生まれ変わり、再び人間に生まれ変わった男

9歳のとき、狼に食べられました。

魂になってあの世に行ってからのことは、はっきりと思い出せません。

この世に戻ってくるときからは記憶が鮮明です。

魂の私は最初、出産間際の牛のお腹に入ってしまいました。入る場所を間違えたと気づいた私は、すぐにそこから飛び出しました（そのときの牛の出産を見ていた人がいうには、子牛は生れ落ちた瞬間、崖から落ちて死んでしまったそうです）。

そして、魂はまたあの世に行きました。

いよいよ人間として生まれ変わるときがやってきました。

何かに縛られ、引っ張られているようで、体の自由がきかなくなり、それから解放されたと思った瞬間、新しいお母さんの家に生まれました。

生まれた村は、前世の村から15キロくらい離れていました。そのあいだ、すでに4年の年月が経っていました。

新しく生まれたときは、助産婦さんがヘソの緒を切っている様子までわかりました。ま

た、助産婦さんがそのとき何をして何をしゃべっていたかも覚えています。

8歳になったとき、ある人が私を前世の村に連れて行き、歩かせました。かつての私の家まで、ひとりで私は歩いて行きました。そして庭に入ったとき、そこに出てきた人が、お姉さんだとすぐにわかりました。

その後、前世のお父さんが今世の家に訪ねてきたりして、交流が始まりました。しかし、私は最初、前世の両親や兄弟を見ても、何の感情も湧きませんでした。感情は今世の兄弟たちにしか湧かないのです。

前世のことを話すと、よく病気になりました。


（『生まれ変わりの村①』より）

25 男の子に生まれ変わって、前世の夫と再会した妻

前世は女性で、3人の子供がいました。

ある日、馬車に乗って出かけました。その馬車の横を車が通ったとき、馬が驚いて暴れだし、振り落とされ、逃げる間もなく後方から走ってきた車に轢《ひ》かれて死んでしまいました。1956年のこと、34歳でした。

死後の世界のことは、まったく覚えていません。それから18年後、前世の村から５キロほど離れた村に生まれ変わりました。

３歳のある日、今世のお母さんと川へ洗濯に行ったとき、ひとりの人が横を通ったのを見て突然、「あの人は前世で私の子供だった！」と叫びました。

それがきっかけになって、前世の家を探し出すことができました。そこでは、まだ前世の夫が生きていました。私は男の子として生まれ変わって、前世の夫と再会を果たしたのです。

前世の夫は、男性に生まれ変わった私を見て、嬉しくて泣きだしました。車に轢かれた妻が、男性に生まれ変わったにせよ、目の前に現われたからです。

でも、私は彼の妻であったにもかかわらず、ほとんど何の感情も湧きませんでした。それは、子供に対しても同様でした。親しみは覚えますが、それ以上の愛情は湧かないのです。

現在では、夫はすでに亡くなってしまいました。

質疑応答——。

「両性を経験したあなたは、女性としての人生と、男性としての人生のどちらがいいですか？」

「それはどちらともいえません」

「私というアイデンティティは、性が変わったことで変化はありましたか？」

「私というアイデンティティは、性の変化にまったく影響されていません。『私は私』……という感覚は女性としての前世でも、男性としての今世でも同じです。とても不思議です」

「僕から見れば、ひとつの人生のなかで、女性から男性へ性転換しているように感じます。この場合、性の対象はどう変化しましたか？」

「女性だったときは男性が好きでした。しかし男性の今は、女性が好きです。これは自然にそうなってしまったのです」


（『生まれ変わりの村①』より）

26 32歳の主婦が死んでから3日めに男の子として生まれ変わった

１９４８年、革命が勃発し、中国には土地改革が起こりました。このとき私は女性でした。地主だった夫は革命の事件で捕まり、殺されてしまいました。そのことにショックを受けた私は、病気になり死にました。32歳で、６歳の男の子と３歳の女の子を残したままでした。

子供たちに何かを食べさせなければと思い、ベッドから起き上がりました。あとから思えば、この瞬間すでに死んでいたのです。しかし、私には死んだという感覚はなく、普段どおりにドアから家の外に出ました。

夜だったので、ひとりで外出するのは危険だと思い、ちょうどそのとき通りかかった2人の塩売りについて行きました。塩売りたちは川を渡り、宿をとりました。私はお金を持っていなかったので、その辺をふらふらしていました。お腹がすいたとか眠いとかいう感覚はありませんでしたが、死んだという意識もありませんでした。

死んだ自覚のない私は、通りかかった人たちの姿も普段どおりに見ることができました。ふらふらしていた私は、門の開いている家を見つけ、そこに入って行きました。その家のなかには、臨月を迎えた妊婦がいたのです。

妊婦を見た次の瞬間、突然、冷たい水のなかに落ちるような感じがして、震えました。ふと見ると、私の体が手も足も小さくなり、赤ちゃんになっていました。

このとき初めて、私は死に、さらに生まれ変わったのだということがわかりました。これは死んでから3日めのできごとでした。

今度は男性になりました。生まれたときから、自分が生まれ変わったことを知っている男性でした。そして、前世から今世に至る流れのなかで、「私」という感覚に切れめはありませんでした。

私は男でしかも子供なのに、雨や雷の日などには「早くお家に帰ってらっしゃい」と、前世の子供たちの名前を無意識に呼んでいたのです。たぶん、3歳と6歳の子供を残して死んでしまったからなのだと思います（その前に夫も死んでいます）。

私の叫び声を聞いたお母さんは、私を問いただし、前世を覚えていることが周知の事実となりました。

1983年に一度、前世の子供たちを探しに行きましたが、どうなっているかわかりませんでした。その後、何度も消息をたずねましたが、子供は見つかりませんでした。孤児院も探しましたが、手がかりはありません。たぶん、どこかへ養子に行ったのだろうと思います。

今世の私は、学校にはあまり行かなかったのですが、テストの成績はよかったです。前世でお金持ちの家の子供だったので、本などをよく読んでいたため、それが今世でも記憶として残っていたからです。

大人で死んだ前世での「私」という感覚が途切れていないので、子供のころから大人の心をもっていました。だから、遊ぶときも私より年上の人と遊ぶほうが好きでした。

小さいときはセーターを編んだり、はたを織ったり、服を縫うのが大好きでした。性格は今でも女性的だと思います。料理を作るのも得意です。

（『生まれ変わりの村①』より）

27　銃殺刑で死んだ男が語る、生まれ変わるまでのプロセス

この人とは、すべて会話調でした。僕は聞きました――。

「どうして死んだのですか？」

「ドジを踏んじまったんだよ……」

「えっ、何を？」

彼女はタバコの煙をフゥ～と吹き出すと、続けました。

「前世は男で、ヤク（阿片）の売人だったんだけどね、あの日ドジ踏んで、公安に捕まって銃殺刑さ……。銃殺されたあと、遺体は馬で運ばれ、墓まで行ったんだよ。墓に入ろうと思ったんだけど、墓のなかが汚いんだ。それで入るのをやめたのさ。仕方がないので魂の状態でこの世を彷徨《さまよ》ったんだ。特に木の上にいるのが好きだったなあ。見晴らしがいいからね。今日はこの木、明日はあの木といったぐあいに、木の上をねぐらにしていたんだよ」

そのとき、彼女はこんなことをいいました。

「魂になってもね、お腹が減ったり喉が渇いたりするんだよ。そんなときは、水を飲みそうな人に取り憑《つ》くんだよ。そうやって暮らせば、たいていの欲求は満たせるんだ」

「銃殺されるほどの罪を犯すと、地獄に行くのでしょうか？」

という質問には、

「私のような悪人でも地獄に行った様子はなかったので、たぶん地獄はないだろう」

といいました。

「銃殺されてから1年ほどしたとき、山を下り、この村に着いたんだよ。そこに、ひとりの女性が立っていてさ、彼女は妊婦だったんだ。すると突然、どこからともなく『あの人の家に行ったら？』という声がしたんだよ。たぶん別の魂が叫んだんだね。その言葉どおりに家に入ったら、突然子供になったんだよ。それは前世の家から5キロほど離れたところさ」

ここで声のトーンが変わりました。

「今度は、女さ……」

「と、いうと？」

「私が男だったときは、なにしろヤクの売人だろ。金があったから女をとっかえひっかえ遊んだものさ。前世の妻は太っていたからさあ、別の女性とばかりセックスしていたんだよ……」

さて、この女性、セックスの話題をとても快活にしゃべってくれました。だから、とっておきの質問をしました。

「セックスは女と男では、どちらがいいですか？　どちらが感じますか？　両方の性を経験したあなたとしては……」

彼女は、タバコの煙をまたフゥ～と吐き出して、こういいました。

「同じだね、イクときは」

「それでも、今度生まれるときには、どちらの性別がいいですか？」

「そりゃあ男さ、やりたい放題できるだろ……」

「今度生まれてくるときも、前世の記憶をもっていたいですか？」

「う～ん、私は銃殺されたとはいえ、当時子供が３人いたんだよ。みんな小さかった。１人は生まれて２カ月だった。そんな前世の記憶をもったまま生まれ変わるのは、ちょっと悲しいねえ……」

「あなたは罪を犯しても神様から罰せられたり、因果応報による影響も受けていないようです。今世は幸せに見えます。だとすれば、また罪を犯してみたいですか？」

「罪を犯したことを生まれ変わったあともずっと覚えているのも辛いものだよ。だからもう悪いことはしたくないねえ」

（『生まれ変わりの村①』より）

28 親戚に殺された男が死後10数年して生まれ変わった

前世は男性で、40歳のとき姉の婿に、羊を殺す刀で殺されました。金目当てで殺されたのです。

私は金持ちで、姉の婿が貧乏だったのが原因だと思います。

前世の妻は盲目で、子供が2人いました。妻は私が生まれ変わって3歳のときに死にました。

あの世のことはよく覚えていません。

生まれ変わったのは、死後10数年たったあとです。

前世の場所から2～3キロのところに生まれ変わりました。

1、2歳のとき、前世を思い出しました。前世の話をすると高熱が出たので、お父さんとお母さんは前世の話を禁じました。

小さいときは、ずっと姉の婿を殺したいと思っていました。相手を殺さないと気がすまない感じだったのです。

私が殺されたあと、姉の婿は訴えられて逮捕されたようです。でも、なぜか刑は軽かったので、すぐに牢屋を出ました。

私は殺されたことで、いつかは怨念を晴らしたいと思っていましたが、成長するにつれて恨みは薄くなりました。

すでに姉の婿は死んでいます。今はもう、恨みは何もありません。だって、殺されても私自身はこうして生きているのですから……。

（『生まれ変わりの村②』（河出書房新社より抜粋２００９年６月発売予定）

29　死んですぐ、同じお母さんの子として再び生まれた男

前世は大工でした。

19歳のとき、突然の腹痛におそわれましたが、お母さんに「たいした病気ではないから」と病院に連れて行ってもらえず、そのまま死んでしまいました。

死の瞬間、私は魂が肉体から離れたのがわかり、本当に死んだのだと気づきました。

家のかまどには煙突がついていたので、私はそこから外に出ようとしました。そのとき、お母さんは妊娠していて臨月でした。

煙突に入ろうとすると、お母さんの陣痛が始まり、私はお母さんのお腹に引き戻されました。そして、同じお母さんの子供として誕生したのです。

私は誕生日(死んだ日)には食事をしません。食べるとお腹が痛くなるからです。

今世も男性として生まれ、前世と同じ大工をしています。なぜなら、前世で覚えた知識や技術を、そのまま使えて有利だからです。

私の名前は、中国語では喜びと悲しさの両方の意味がありますが、喜びのほうが少し多い気がします。

お母さんは、子供が亡くなった代わりに生まれた子供なので、悲しいような悪いような、でもやはり嬉しいという意味で、この名前を私につけたのです。

(『生まれ変わりの村②』(河出書房新社より抜粋2009年6月発売予定)

30 病院の集中治療室で死に、すぐ産婦人科で生まれ変わった

現在、34歳の女性です。

前世の家は50キロくらい離れています。兄弟はお兄さんと2人でした。

５つのとき、病気にかかって死にました。

小さかったので何の病気かはわかりません。

病気にかかったとき食欲はあって生活はできていたのですが、体がだるくて元気がありませんでした。

入院して昔のお金で７０００元くらい使いました。この金額は大金です。前世は金持ちだったのです。病院も立派でした。

私は集中治療室で死にました。

死んだとき、自分が死んだとは思いませんでした。

私は治ったと思ってベッドから起き上がり、廊下に出ました。

同じ病院の産婦人科で帝王切開している人の声が聞こえ、見に行ったら突然その赤ちゃんになっていました。

僕は聞きました。

「お母さんを病院で見ましたか？」

「見ました。帝王切開する場面も見ました。帝王切開なので次の子供は作れません。私ひとりです」

「この不思議な体験をどう思いますか？」

「まさか同じ病院で生まれるとは思いませんでした。小さいときは世間を知らないから、自分の前世のことを語っていました。お母さんには『いってはいけない、体が弱くなるので』といわれました」

（『生まれ変わりの村③』河出書房新社より抜粋２０１０年６月発売予定）

31 籠に入りこんで運ばれた家で生まれ変わった少年

９歳で死にました。

学校に行くとき、道が悪く険しかったので、転んで崖から落ちました。

あの世でも険しい山道を、目的もなく歩いていました。人のいる場所に来ました。人は長い服を着ていました。

スープを飲ませる場所に来て、喉が渇いていたので鉢を持って飲もうとしました。最初は怖くて飲もうかどうか迷っていたのですが、管理している人が優しそうな顔の人だったので飲もうとしました。でも突然怖い顔の人が出てきて、それを見たとたん鉢を落としてしまいました。

怒ったその人は、私を追い出しました。私は逃げました。山をひとつひとつ越えて逃げたら疲れました。石炭を担いで歩いている人を見つけたので、そのあとをついて行きました。体が軽くなったような気がして、石炭を入れる籠に入りこみました。そして、その人の家まで運んでもらいました。その人は30歳代の人で、その人の奥さんが出産するところでした。

それを見た瞬間、私は赤ちゃんになっていました。石炭を担いでいた人は、新しくお父さんになるべき人だったのです。

生まれてからも途切れなく、前世のことは覚えていました。前世の村は50キロくらい離れたところです。山があって道が険しい場所です。

僕は聞きました。

「亡くなってから、どのくらいたっていたのですか?」

「4日間くらいです」

「また生まれ変わったことを知って、うれしかったですか?」

「もちろん、生まれ変われてうれしかったです。あの世は水を飲む場所もなく、お腹も減って怖かったです。新しい父母に会えてよかったです」

「伝説のスープ(後述)はどうでしたか?」

「まわりの人が怖い顔をしているので、スープの近くには行きたくなかったです」

「前世と今世では同じ〝私〟ですが、不思議な感覚ですか？」

「心は同じものです。肉体が変わっただけで、経歴のようなものです。不思議な気持ちはないです。けれど、性格は変わりました。性格は肉体に付随しているようです」

（『生まれ変わりの村③』河出書房新社より抜粋２０１０年６月発売予定）

32」あの世の話に出てくる、前世の記憶を消す伝説の「スープ」の秘密

前例ですでに「スープ」の話が出てきました。その実体に迫ります。

事例はさらに続きます。

前世も女性で結婚していて、男の子１人と女の子２人の３人の子供がいました。

ある日、何か幽霊のような存在に取り憑かれ、それに連れられるようにして魂が体から離れ、そのまま肉体は死んでしまいました。１９７６年１月８日、27歳のときのことです。

死んでから２年ほど経ったある日、生まれ出る寸前にあの世で、橋のたもとにおばあさんがスープを持って立っているのが見えました。

そこにはたくさんの行列ができていました。馬や牛やロバなど、動物に「なる」行列も

人間とは別にできていました。

私はおばあさんの差し出すスープは飲まず、そこを逃げ出しました。これがあの「伝説のスープ」だと思ったからです。

そして次の瞬間、私は次の肉体に生まれ変わっていたのです。


（『生まれ変わりの村①』より）


僕は取材のあと、「伝説のスープ」について詳しく聞きました。

この村には、ひとつの言い伝えがあったのです。

死後の世界には奈何橋《なかはし》という橋があり、その橋の近くでおばあさんがスープをコトコトと煮ているのだそうです。魂にこのスープを飲ませるためです。そして、このスープを飲むと、前世のことは忘れてしまうのです。スープを飲まなければ、前世のことを覚えているというのです。

この「スープの伝説」があるのが原因で、村には前世の記憶をもつ人が多いのではないかと村の人たちはいっていました。

奈何橋の「奈何」は、中国語で「いいのかい？」という意味だそうです。おばあさんは、「いいのかい？」といいながら飲ませているのだそうです。拡大解釈すれば、「このスープを飲むと前世を忘れるけれど、それでもいいのかい？」といっているのでないでしょうか……。

生まれ変わりの村で得た一番大きな情報が、これだといっても過言ではありません。それは、前世を忘れない方法です。

科学的な根拠は何もありませんが、あの世にあるスープを飲まなかったことで前世を忘れずにすんだ人が、何人もいるからです。

おそらく、大半の人は知らずに飲んでしまうのです。しかも、スープを前にしたとき、喉が渇くという現象が起こるそうですから、なおさらです。僕は前世を覚えていませんので、きっとゴクゴクと飲んでしまったのでしょう。

東京の表参道や銀座に、「美味しいスープをタダで飲ませてくれる店」があって、そこが繁盛していたとしたら、誰でも飲みたいと思うはずです。

つまり、死んだことを認識していないと、たとえスープの情報を知っていても飲んでしまうと思います。

33 前世記憶者にとっての幸・不幸とは?

生まれ変わりの村で、前世の家に行くのを禁じられた人は85パーセントもいます。

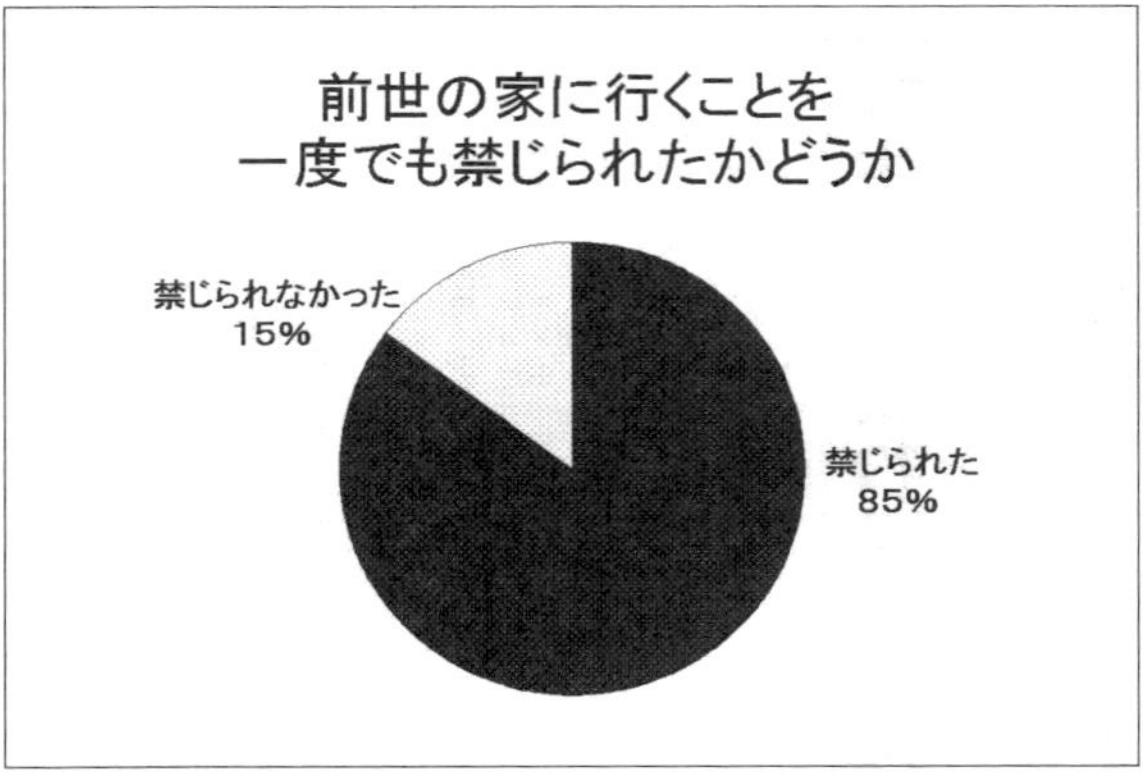

85%が前世の家に行くことを禁じられた

そのため、前世の記憶を客観的に証明することができなくなったりします。

ところで、今まで前世記憶に関する本をたくさん読みましたが、前世記憶が具体的に生活に大きな影響を与えたものは、生まれ変わりの村が最初だと思います。

なぜなら、禁じられるくらいに影響を及ぼしてしまうのですから……。

『生まれ変わりの村③』には、こんな事例が出てきます。

母親が生まれ変わって息子に会いに来たとき、息子は泣いたそうです。

「自分はなぜこんな目に遭わなければならないのだ」

と……。ちょっと考えれば、再会を喜び合うはずです。

しかし、40代の息子の前に10代の子供が現われて、自分は母親だといわれても……。年齢も容姿も性格もまったく変わってしまった母親を、記憶が正しいというだけで受け入れられるでしょうか？

息子にとって母親は、亡くなった時点で清算できていたのです。なのに、今ごろになって……。しかし、母親は息子が恋しくて仕方がないのです。

でも、その母親には、生まれ変わった先で、子供が生まれました。僕が行ったときは、その子は中学生でした。その娘さんは、母親に対して「前世の息子に会いに行かないで」といいました。

もしも僕の娘が、前世の記憶をもっていたら、どうしましょう？　やはり前世の家との交流には、難色を示すと思います。娘にとっての両親は、僕たちだけでよいと……。

前世記憶者にとっての幸・不幸は、外からでは計り知れないと思いました。

34 生まれ変わった肉体に残る、前世の痕跡とは？

私は前世では、19歳と9歳の子供を残したまま、病気で死にました。死んで魂が肉体を離れるとき、泣いている子供たちの姿が見えました。

魂は、肉体と同じ格好をしています。私の前世は女性だったので、女性の格好をしていました。また、魂は衣服も着ています。その服は、死んだときに着せられる白い着物ではありません。私がまだ生きて生活していたときに着ていた服です。

魂になった状態でも、肉体と同じ格好をしています。だから、新しい肉体（赤ちゃん）に入ったとき、前世の肉体の痕跡を残す場合もあるのだと思います。私は前世が女性でピアスをしていたので、今の私の耳にも、その痕跡が残っています。

（『生まれ変わりの村①』より）

35 動物に生まれる予定で4つの乳房をもたされた女性

私は病気で64歳のとき死にました。結婚して子供もいました。

スープの場所はありましたが、汚いし気持ちが悪くて飲みませんでした。

生まれ変わる瞬間は覚えていません。

山の奥に生まれ変わりました。

小さいとき、前世を覚えていましたが、前世のことをいうと病気になりました。

ただ、私がほかの人と違うのは、おっぱいが4つあることです。

僕は聞きました。

「おっぱいが4つというのは前世と関係がありますか？」

「はい、関わりがあると思います。生まれ変わらせる管理人が、もともとは人間にするつもりはなかったらしいのですが、私があの世で苦労していたので人間に生まれ変わらせることにしたようです。それでも今の人と少し違うようにしました。それでおっぱいの数を4つにしたのだと思います」

「4つのおっぱいは、すべて機能しているのですか？」

「2つは大きいですが、2つは小さくて母乳は出ません」

4つのおっぱいを見せてもらいました。2つは普通どおり大きいです。たぶんCカップはあるでしょう。

しかし、あと2つは、いわれないとわからないくらい小さいのです。すでに子供も2人いて、結婚生活にも支障はないようです。

（『生まれ変わりの村③』より）

私は21歳のとき、交通事故で死にました。

あの世に行くと、人々はスープを飲まされたりしていました。私は伝説のスープだとわかったので飲みませんでした。あの世にいたのは、たぶん1年くらいです。

　僕は聞きました。

「あの世で何をやっていたのですか?」

「掃除をしていました。ロバを飼っていて、そのふんの始末などです。そこを逃げ出して生まれ変わったのです。生まれる瞬間は覚えていません」

　ところで、この人にはアザがありました。

「あなたのあごには直径3センチくらいの黒いアザがありますが、生まれ変わりと関係があると思いますか?」

「私の推測ですが、これは最初、動物に生まれ変わらせようとしたせいだと思います。ですが、逃げて人間に生まれ変わったので、その動物の影響が出たのだと思います」

（『生まれ変わりの村②』より）


　以上のように、取材した84件の事例のなかで、肉体に特徴があるのは3件だけです。しかしピアスの痕は、本当にピアスかどうかは不明だと思います。

　また、あとの2件は動物に生まれさせたかったのかどうかも、確かな証拠があるわけではありません。

世の中で、すでに出版されている生まれ変わりの本では、肉体の痕跡を証拠として取り上げますが、むしろそういう事例は少ないのではないか、というのが私の考えです。

36 あの世で生前の行ないを反省する必要がないのは、なぜ？

以下は、調査した84人の死亡理由です。

私が調査したなかに、自殺して生まれ変わった人は5人いました。彼らは、反省させられる場所に行かされることはありませんでした。みんな普通に生まれ変わり、今世では幸せに暮らしています。

前にも述べましたが、罪を犯して銃殺された人にも会いました。その人も地獄に行くことはありませんでした。私はその人に聞きました。

「あなたは罪を犯しても神様から罰せられることはなく、因果応報による影響も受けていないようです。今世は幸せに見えます。だとすれば、また罪を犯してみたいですか？」

「罪を犯したことを生まれ変わったあとも、ずっと覚えているのは辛いものだよ。だからもう悪いことはしたくないねぇ」

裁きがないからといって、犯罪が増えるわけではなさそうです。むしろ減るのではない

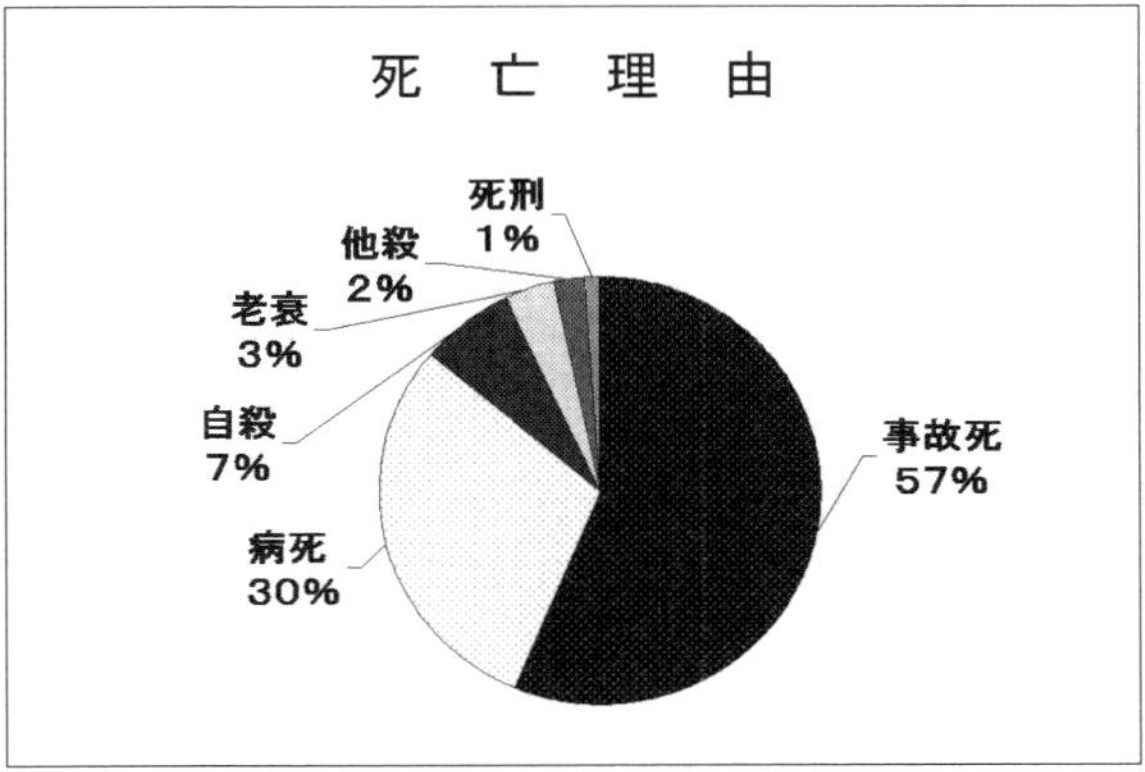

山間部なので事故死が多い

かと思われます。

　これは私だけの感触かもしれませんが、日本人の大半は、地獄はないものとして考えているのではないかと思います。

　自殺して死んだ人も、どんな罪を犯した人も、死ねば同一の極楽に行けると思っているのではないでしょうか。

　地獄に堕ちればいいと考えるのは、被害者の側だけではないかと思います。裁きがないというのは、価値観がないからだともいえます。とはいえ、私自身は、価値観のない世界を想像することは難しいです。

　人が人であるのは、意識をもっているからであり、意識の働きによって「これは良い、あれは悪い」と判断を下してしまうのだと思うからです。

あの世に裁きがないことを知ったとき、時空（私は神や仏をこの単語で言い換えています）は、もしかすると無限の可能性を狙っているのではないかと思いました。

なぜなら、裁きがあるとすれば、それはあるひとつの価値観に基づいていると思われるからです。

価値観とは、方向性を決めるものだと思います。

私たちは地球上に60億の個に分かれて存在し、それぞれがそれぞれの価値観に基づいて生きています。

その結果が、あるひとつの価値観によって判断されるのだとすれば、時空はしだいに可能性を失っていくことになると思います。

PART4　不思議現象――「フィリピン編」

37 一時はツアーも組まれた人気の「心霊治療」、その驚愕のビデオ

20年ほど前には日本からも心霊治療を目的としたフィリピンツアーがずいぶんとあったようです。

ツアーを主催していた人が撮ったビデオを見たことがあります。マニラ空港から大型バスを借りきってホテルに向かうのです。そして治療院に行きますが、当然日本人ばかりです。元気な人もいれば、病人もいます。

しかし、ビデオの後半には大変なシーンが記録されていました。

治療台に横たわっているのは、盲目の老女です。治療するのは、フィリピン北東部のバギオというところで開業しているジュン・ラボという人です。

ジュン・ラボはちょっとお祈りをしたあと、老女の目のあいだに指を突っこんだのです。指はどんどん深く挿入され、まるでウズラの卵でもつかむような感じで、目の玉を取り出したのです。

「げー！」

見ている私はビックリ。ツアーの主催者は、腰が抜けそうになったそうです。だってそ

治療院の上にある
ジュン・ラボの豪邸

庭には数匹のドーベルマンが飼われていた

うでしょう、眼球を取り出せば、当然腐ってしまうと思ったのです。好意で連れて行ったとはいえ、女性の家族から訴えられたらどうしよう、などという考えも頭をよぎったそうです。

血管や神経がジュン・ラボの指のあいだからたれて、ブラブラしています。50人もいるツアーの人たちは、かたずをのんで見守っています。

ジュン・ラボは、目の玉を洗面器の上に移動させました。洗面器の水は、ときどき彼の手を洗うためのもので、あまりきれいとはいえません。

しかし、目の玉を、そこに入れたのです。そして、目の玉を水でポッチャポチャ、ジャブジャブと洗うのです。

ときどき、洗面器の水から顔を出す目の玉は、上を向いています。

老女はといえば、眼球のなくなった顔を天井に向けています。痛みは感じていない様子です。

洗い終わると、目は持ち上げられ、老女の顔の上に持っていきます。そしてはめこまれました。ストン……と。

まるで分解式のロボットの目を掃除したかのようです。

はめこまれた目は、しばらく動きませんでした。そりゃあそうです。血管や神経は切れてしまったのですから……。

しかし、数秒後に眼球が動きはじめたのです。

「おおお……」

ツアーの人たちから、どよめきが起こりました。

ジュン・ラボは、ロウソクを持ってきました。そして老女の右側に置き、質問しました。

「おばあさん、光がどちらから来ているか、わかりますか?」

眼球が動き、ロウソクをキャッチしたようです。

「右に炎が見えます」

「おおお……」

再び、どよめきが起こりました。

このおばあさんは、目が見えるようになったのです。

でも、このビデオを再生しながらツアーの主催者は、私にいいました。

「おばあさんは目が見えなかったころ、幸せでした。まわりの人が親切にしてくれたからです。でも、目が見えるようになってもワガママをいいたい放題でした。そのうち、身内の人さえもおばあさんから離れるようになりました」

フィリピンの噂は、広まる一方でした。西洋医学から見放された人たちが、途切れなく訪れるようになりました。

昔は、現地でお金のない人に対して行なわれていました。でも、今は1回100ドルが相場です。その金額を払えるのは、外国人しかいません。

ジュン・ラボは、治療院の隣りに豪邸を建て、ベンツを2台ももっていました。

38 「心霊治療」の多くは、はたしてトリックだったのか？

そのうち、診療治療をマスコミが取材するようになりました。当然、バッシングもされはじめました。

傷口ひとつ残さずに外科手術をするなど、科学的にはありえないからです。マスコミが、彼らをトリックだといっている根拠のひとつが、あの血は特殊な薬品で作っている、というものです。

その薬品というのは、ネオチオン酸カリウム・希塩酸水溶液とみょうばん水溶液です。この2つは、ほぼ透明です。

まず一方の水溶液に浸した綿をお腹に持っていき、肌を濡らします。次に手をよく洗い、もう一方の水溶液に浸した手をお腹に持ってきて、指を曲げます。すると手が入っているように見えると同時に、2つの薬品が混ざって血の色を演出します。

なかなかよくできたトリックの方法です。

テレビで否定されるようになると同時に、ツアーも減りました。

10年後に私が訪れたとき、日本人は誰もいませんでした。アメリカ人のツアー客がいるだけでした。

薬品を使っているというトリックを、なんとか見破る方法はないかと考えました。その結果、PH測定器を作りました。これは、センサーが液体に触れた瞬間にPH値がデジタル表示されます。

例の血を演出する薬品は、希塩酸を使うためにPH値は1以下という極度の酸性を示します。

これを使って調べた結果、フィリピンの心霊手術で私から出た血は、ＰＨ７・３前後でした。弱アルカリ性なのです。少なくとも例の薬品は使っていそうにありません。マスコミも実際に試したわけではなかったのです。

世間から見放されたところに行くのは、私の趣味です。凡人には、そういうところにこそ、本物があると思えてくるからです。

私のフィリピン調査が開始されました。

39 心霊治療は「肉体を裂く」のではなく「空間(次元)を裂く」？

私は、１グラムまで計れる体重計を持って、ジュン・ラボのところに被験者として行きました。見たところ、彼は１００グラム以上の臓物を私の体から取り出して捨てました。血もたくさん出ていました。しかし、そのときの手術前後の体重変化は、なんと１グラムしかなかったのです。

この体重計の上でツバを吐くと、ちゃんと1グラムほど減ります。１円玉を拾うと１グラム増えます。裸で30秒ほど乗っていると、発汗で1グラム減ります。

そうなのです。1グラム減ったのは、発汗だとしかいいようがありません。だとすれば、彼らは、私の体から何も出していないことになります。

その後、私は6人のヒーラー（治療師）を相手に体重変化を調べましたが、すべてのヒーラーについて同様な結果が出ました。

そのなかのひとりに、血液型検査のために綿に血液を染みこませてもらったのですが、その重さだけでも6グラムありました。差し引きが合いません。

私は、ある仮説に到達しました。

彼らは肉体を裂いてはいないのではないか、という仮説です。

では、何を裂いているかといえば、ちょっと難しい表現になりますが、「空間を裂いている」のです。肉体は、3次元空間のなかに存在しているわけですから、3次元空間が裂かれれば、肉体も裂かれたように見えるわけです。空間が戻れば肉体も戻ります。そこには傷跡は残りません。だって、肉体を裂いてはいないのですから。

テレポーテーションの実験が本当だとすれば、私たちのすぐ外側にはもうひとつの宇宙があり、そのまた外側にはさらにもうひとつの宇宙があるようです。その境目は自由に行き来ができるくらい可塑性に富んでいるといえます。

フィリピンの治療家は、患者の肉体を裂いているのではなく、空間（次元）を裂いている

心霊手術風景

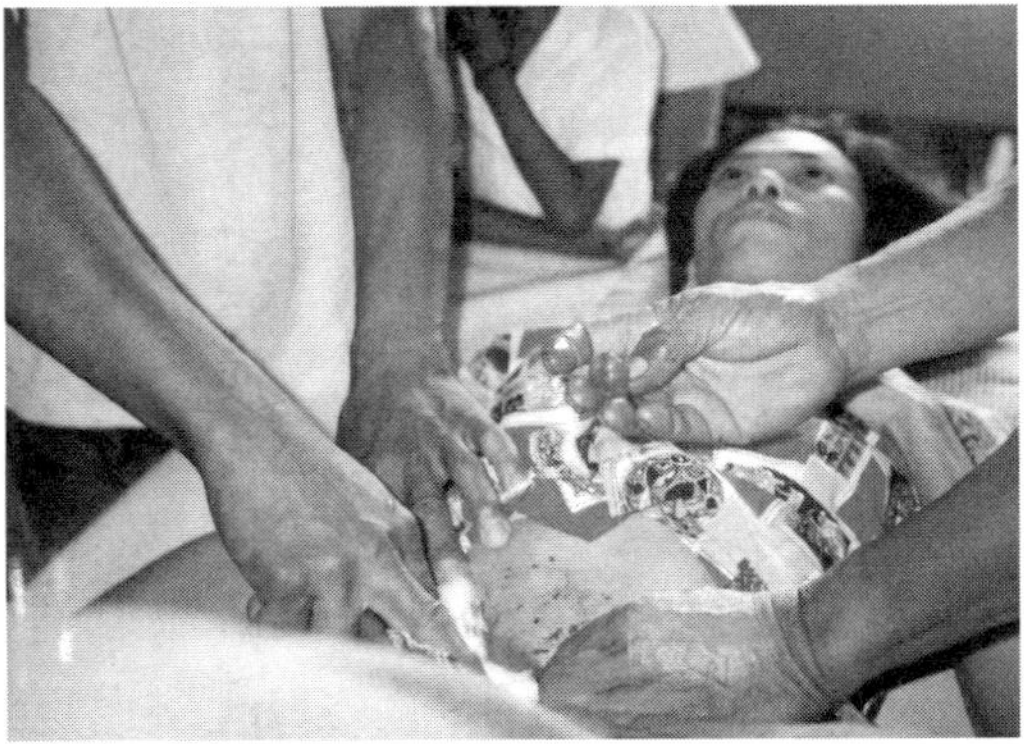

のではないか。

その仮説によれば、肉体は空間（次元）に付随していることになります。空間が裂かれれば肉体も裂かれたように見えるはずです。そして空間が戻れば裂け目はなくなるはずです。ふつう肉体に傷がつくのは、空間がそのままで肉体だけが裂かれるからです。

では、何のために空間を裂くのでしょうか。それは空間の隙間には「気」と呼ばれるエネルギーがあるからではないか。「気」を肉体にそそぎこむためではないでしょうか。「気」は、空間の隙間を大河のようにとうとうと流れているとして、その空間を裂けば、さざ波が起こります。そのさざ波が患者に到達して治癒させるのではないでしょうか。

そういう意味では、日本で行なわれている

ような気の治療と効果は変わらないかもしれません。

フィリピンでは、物質を媒介にして空間を裂いて「気」の投入を行なっているのに対して、日本では直接意識で「気」を投入しているのではないでしょうか。

40 自分を実験台にしての心霊手術でわかったことは？

私は16人のヒーラー（治療師）から手術を受けました。すべて自分が実験台になりました。そして、彼らの出身地がパンガシナン県オルタネート村というところで、きわめて狭い地域だということがわかりました。ほとんどすべての心霊治療家は、この村の出身なのです。私はこの村を訪れました。

村のヒーラーは、タダ同然で治療していました。ドネーション（寄付）箱があり、患者は各自50円くらいを募金しています。これでトリックをするでしょうか？

村をまわっているうちにもうひとつ、面白いことがわかりました。この村は単一宗教だったのです。

１８００年代に、アラン・カルデックというフランス人が打ち立てたユニオンエスペラティスタ（心霊主義）という宗教です。カトリックを基本にしていますが、教会にはキリストの像とか十字架はありません。そういうものは、各自の心のなかにあればよいとしています。

ただ、星がひとつ描かれた旗が1枚ぶらさがっているだけです。キリストが誕生したときに、東の空に上がったという星を描いているのです。十字架は、死のイメージがするというのではありません。

ここでは、神父さんやシスターがヒーラーを兼ねています。ミサのあとで、祭壇の脇のベッドで治療をするのです。

ユニオンエスペラティスタという宗教を調べていくうちに、面白いことがわかりました。この宗教は、フィリピンとブラジルに布教され、ブラジルにも心霊手術をする場所があったのです。

ブラジルでは、私は左手を15センチも切られました。ヒーラーには、「ドクターフリッツ」と呼ばれるドイツ人が取り憑いているのです。

メスを使って切るので本当に外科手術です。しかし、麻酔を使わないのにほとんど痛みはありません。交通事故の後遺症で物がつかめなかった私の左手は、その手術をしたあと、全快してしまいました。

ちなみに日本の病院では、

「あなたの左手は治りません。諦めてください」

といわれていたのです。

ブラジルのときも、治療費はたったの10ドルでした。これでトリックをするでしょうか？　ただし、心霊治療には一様に起こる現象があります。終わったあと、とても眠くなるのです。まさか催眠術ではないですよね？（笑）

ところで、私はよくいわれます。

「森田さんて、すごいわね。自分を実験台にする人なんて少ないわよ」

しかし、使命感をもってやっているわけではありません。好きでやっているのです。私のホームページのトップにも、次のように書いてあります。

「不思議研究所は社会使命をもたず、楽しむだけに研究をします」

つまり、実験台になるのが楽しくて仕方がないのです。

41 X線に写った「胆石」が、開腹すると消えていた不思議

胆石を出すシーンを目の前で見たことがあります。

フィリピンのパンガシナン県の教会でです。

「心霊注射」のシーン

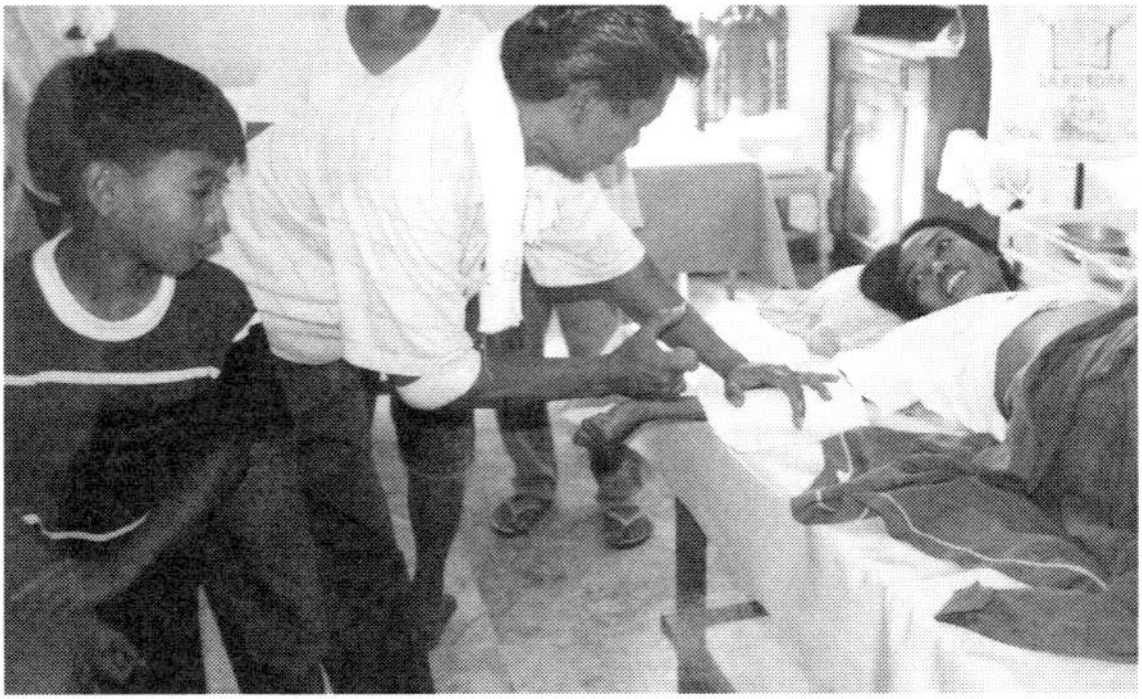

患者の手に載せた紙にパチンと穴が開きました

でもその神父さんは、首から手ぬぐいをぶらさげていました。「神父」は副業で、「農家のオジサン」が本業だからです。もちろん、黒い服など着ていません。副業が終われば、すぐに畑に出なければならないからです。

逆にいえば、農家としての収入があるので、心霊治療としての金額はタダ同然なのです。しかも、神父さんはサンダル履きです。やはり、どう見ても農家のオッサンです。

簡単なミサをしたあと、病人は前に呼び出されるのです。前には堅いベッドが置いてあり、そこに横たわります。他の人は取り囲んで興味津々《しんしん》で見学です。

最初に神父さんは、「バーチャル心霊注射」をしました。

これは、注射を打つマネだけをするのです。

私もやってもらいましたが、とても痛いです。本物の注射よりも痛いです。

お腹に胆石の入った女性には「強すぎる」ということで、腕に紙を1枚載せて打ちました。するとパチンと音がして紙に穴が開いたのです。農家のオジサン、ただ者ではありません。

そして、いよいよホンチャンです。神父さんは、彼女のお腹のなかに手を突っこみました。血も出ています。

お腹をしばらくかきまわしたあと、こういいました。

「こんなところにあったわい」

神父さんは、直径1センチもある胆石をみんなの前に掲げました。

さて、日本からツアーで参加した人も、胆石を取ってもらいました。

その人は、ブツ（胆石）は、お土産としてもらって帰ってきました。それを行きつけの病院に持っていきました。医者は彼のお腹を診察しました。傷跡ひとつありません。

医者はいいました。

「世の中、不思議なこともあるものだ。でも念のためにレントゲンを撮って確認してみましょう」

数10分後、医者はレントゲン写真を持って、ニヤニヤしながら出てきました。

「その石は庭にでも落ちていた石でしょう。あなたのお腹にはまだ胆石がありますよ。ほら！」

見ると、レントゲンには胆石が写っていました。

というわけで後日、手術が行なわれました。しかしです。手術中に医者はあせりました。

「ない……。どこにもない！」

レントゲンには胆石が写っているのに、実際にお腹を開くと、なかったのです。

医者はもう一度、深くつぶやきました。

「世の中、不思議なこともあるものだ」

42 醤油入れを体内に入れる心霊手術実験でわかったことは？

出せるんだったら入るんじゃないか、と思って考えたのが、お弁当についているお醤油入れを体内に入れてもらうことでした。

そんなことをして、何の意味があるかですって？

あるのです……。

お醤油入れのなかには、水と片栗粉（でんぷん）を入れました。

あなたも中学の理科の実験で、でんぷんを作ったことがあると思います。

そして、最終的にできたでんぷんは、水に沈殿するとなかなか白濁しないことを経験したと思います。私なんか、水に手を入れてでんぷんを爪でひっかいたものでした。

つまり、沈殿すると半固形化されるのです。このお醤油入れをよく振って白濁させて、宇宙空間に放置したらどうなるでしょうか?

沈殿しないですよね……。重力がありませんから……。

教会のミサが終わると、私は前に出て、いいました。

「私は神を信じています。このお醤油入れは、神の世界に行くので沈殿しないと思います。ぜひ、それを私の体でやってください」

神父さんは、わかったようなわからないような顔をしましたが、とにかくベッドに横になれといいました。

私はお腹を出して、手術台に横たわりました。

神父さんが、それをお腹に押しつけました。皮膚が割れたように見え、血も出てきました。そこに神父さんは、お醤油入れを放りこみました。

お腹をタオルで拭くと、傷はありません。神父さんの手にも、お醤油入れはありません。

私は30分間、安静にしていました。もしも体内にお醤油入れが入ったのなら、重力で沈殿するはずだからです。

神父さんも、お茶を飲みながら休憩しています（笑）。

さあ、いよいよ出します。

神父さんは、また私の体内に手を入れました。そしてお醤油入れを取り出しました。

私は凝視しました。

でんぷんは、まったく沈殿していませんでした。

ということは、お醤油入れが行った世界は、重力がなかったのです。

やはり「シャボン玉理論」は正しいのかもしれません。

43 体内に入れられた精巧な発信器は別の空間(次元)に行った？

私はアマチュア無線（ハム）をやっているのですが、体内に入れる小型の発信器を作りたいといったら、みんな献身的に協力してくれました。

コールサインがＪＡ１ＡＡという人は、日本で初めてハムの免許を取った人なのですが、そのおじいさんまで協力してくれました。

水晶発信器回路を使ってプリント基板まで作って、とにかく超小型なのができました。

探査のためのアイテム

左が発信器で右端がお醤油入れ

高性能な小型受信機まで作ったので、まるでスパイになったような気分でした。

発信器ですから、どこにあるかが、すぐにわかります。1回の治療に200ドル取っていた治療師（神父さんではありません）は、

「君のお腹に発信器を入れました」

といいましたが、小型受信機は彼のポケットのなかにあることを示していました。というわけで、トリックを見分けるのも簡単なのです。

しかし、別の神父さんが入れたとき、電波は止まりました。そして取り出したとき、電波は再びキャッチされました。

これは、数人の神父さんがやってくれました。全員、同様の結果になりました。

無線マニアが作った発信機の電波を、普通

の方法で止めるのは無理なのです。

風呂のなかに入れたり、空き缶のなかに入れたり、地面に叩きつけたりもしました。それでも止まりません。何らかの方法で止めたとしましょう。しかし、お腹から出したときに再度電波を出すのは、神父さんが無線マニアだったとしても不可能に近いです。発信器は、合成樹脂でバッチリと覆われているからです。

では電波が止まっているあいだ、発信器はいったいどこに行っていたのでしょうか？

念のために、レントゲンまで撮りました。しかし、お腹のなかにはありませんでした。

「シャボン玉」のなかに入っていたというのが、私の仮説です。

空間ごと切り取られて、この宇宙とは別の空間にあれば、電波は届きません。しかも、お醤油入れの実験と合わせれば、シャボン玉のなかは無重力なのです。

44 リングを肛門から体内に入れ、ヘソから出してもらう実験の結果は？

今まで私の体内に入れたもの、それは「お醤油入れ」と「発信器」です。

しかしあなたは、なんとなくピンときていないと思います。神父さんが手に隠し持ったのではないか、と疑っているのではないでしょうか。

最後の実験は、フィリピンの心霊治療が本物であることを証明しようとしたものでもあります。

肛門から金属リングを入れて、レントゲンを撮って確認し、最後は金属リングをヘソから出してもらったのです。

肛門とヘソは体内でつながっていないですよね？

しかし肛門から入れるとき、信じられないできごとが起こったのです。なんと、太い男性の手をスッポリと入れられたのです。

SMでは、それを「フィストプレイ」と呼ぶそうです。しかし、普通はいきなり手をまるごと挿入することはありません。指でアナルを少しずつ拡張します。それに数カ月かける人もいるそうです。そういう趣味の人は、そうして刺激されるのが感じるのです（笑）。

そして最後はフィスト（手首）を入れるのです。きわめつきは、なんと頭を全部入れている写真まで本に載っていました（汗）。相手の肛門のなかで酸欠にならないように、ホースまでくわえています。

私の友達で、夜間救急治療室に詰めている女医さんがいます。ある日、ボーリングのピンを入れてしまい、抜けなくなったと運ばれてきた人（高校の男性教師）がいたそうです。女医さんは、彼に聞きました。

腹部のレントゲン写真

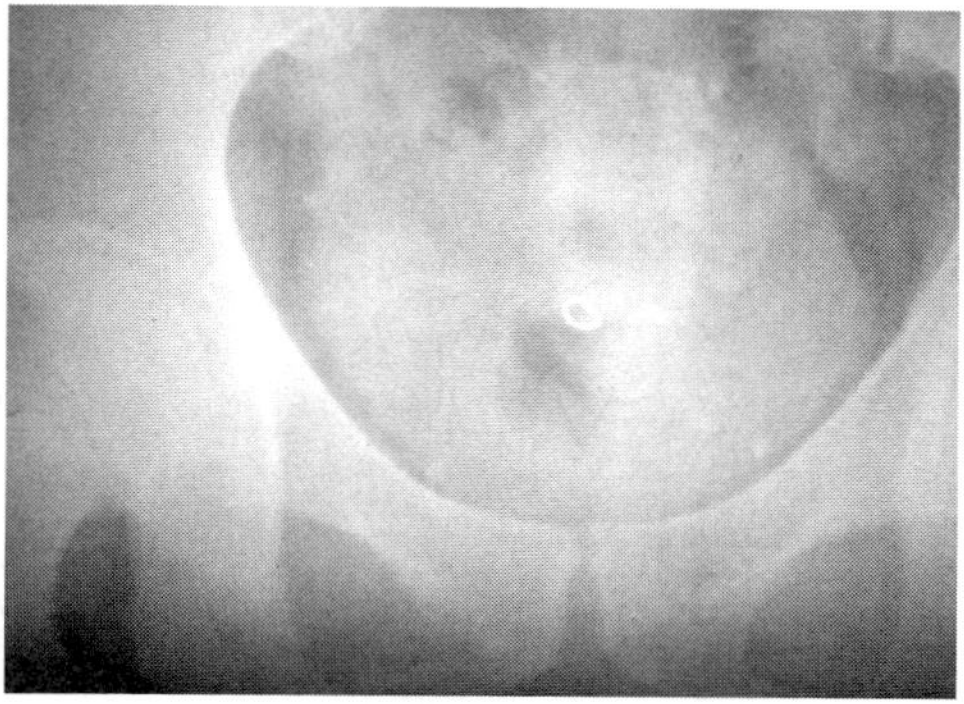

中央に金属リングが写っています

「なぜそんなモノが……？」

「座ったら、ボーリングのピンがあったのです」

私の前で、女医さんはいいました。

「間違って座ったとしても、全部入らないですよね……」

そういう人にとっては、フィストプレイは快感で絶叫するかもしれません。

しかし私は、痛さに絶叫しました。

アナルは裂けて血だらけになり、アナル処女を失った気分です(汗)。しかも、それだけでは終わりません。直腸奥深く入れた金属リングが出てこないように、タオルも押しこまれました。

考えてもみてください。自分のお尻の穴に、タオルがまるごと入るシーンを……。

そのスタイルでタクシーに乗り、病院にかけつけたのです。

レントゲンを見た医師が、ビックリです。

「こいつは金属片を飲みこんだ。大変だ、手術だ！」

肛門にタオルが詰まっているのに、それに気づかない医者も医者です。

彼が叫んでいるあいだに、レントゲン写真をひったくると、逃げてきました（お金はあとで払いました）。

そしてリングは、ヘソのところから出してもらったのです。

フィリピンの心霊治療は、たぶん本物です。

しかし、アナルの裂け目がなかなか治らず、生理用のナプキンを当てる毎日が続きました（汗）。

45 フィリピンの心霊治療師たちの、とんでもない修行とは？

アナルにフィストプレイをした治療師（神父さん）が、修行の仕方を教えてくれるというのです。何の修行かと、半分怖かったのですが（笑）、翌日の早朝4時に車で迎えに来ました。

片道4時間もかけて行った先は、「ホーリーマウンテン（聖なる山）」というところです。うっそうと茂った山々のあいだを、渓流が流れています。川のなかに大きな岩があり、その上には、マリアの像まで立っています。

「おお、ここで修行すれば聖なる力もつきそうだ」

と思いました。

すると、神父さんはいいました。

「森田さん、下着になってください」

「えっ、またアナルじゃないですよね？（笑）」

「いいから下着になって！」

「は……はい」

私は下着になりました。神父さんも下着になりました（汗）。

そして、何を始めるかといえば、その格好のまま、神父さんは川のなかに顔を突っこんだのです。いつまでたっても顔を上げません。川のなかに何か見えるのでしょうか？

しばらくすると、顔を出しました。

「プハッ、気持ちいい。さあ森田さんもどうぞ」

私は川に顔を突っこみました。別に何も見えません。私が適当に顔を上げると、神父さんはいいました。

「森田さんは根性がない」

「はい、根性なんて嫌いです」

といいきらないうちに、彼は私の頭を持って、再び川に突っこみました。

ブクブクブク……。

「く、苦しい！」

やっと顔を上げさせてもらうと、頭のなかを星が飛んでいました。

と思ったとたん、またもや頭を持って水中にドボン。

ブクブクブク……。

「く、苦しい！」

そうなんです。これが修行だったのです！

次は洞窟に入れといわれました。ところが、入り口がとても狭い洞窟です。神父さんは太っているので入り口を通過できません(汗)。神父さんは「ここで待っている」といいました。

狭いところを降りていくと、そこにはやはり水が溜まっていました。そして係員(オヤジ)のような人が、私の頭を持って水に突っこみます。

洞窟から出てくる著者

洞窟はほとんど垂直です

ブクブクブク……。

「く、苦しい！」

昨日はアナル、今日は口の拷問です。

これを、網タイツでヒールを履いた女王様にされていたら、少しは感じるかもしれません（笑）。

しかし押さえこんでいるのは、フィリピンのオヤジです。

洞窟から出ると、神父さんが岩の上でグーグーといびきをかいて寝ていたのです。もちろん、下着いっちょうです。

この修行が本当に効果があるかどうかは、今もって不明です。

PART5　不思議現象――「アメリカ編」

46 体外離脱の「モンロー研究所」を訪ね、あの世に行った初の日本人

アメリカに体外離脱の研究所があることを知ったのは、1996年のことです。私はさっそく渡米しました。

バージニア州にあるシャーロッツビルという、とても小さな空港に降り立つと、ワゴン車が待っていました。それに揺られて40分ほど走ります。

私は寝たふりをしていました。外国人が嫌いだからです。自慢じゃないですが、高校のとき、英語の成績はずっと「1」でした。

私の生まれ故郷が近藤勇の生誕地に近く、ひいおじいちゃんが彰義隊に参加して上野の山に立てこもった経歴をもつわが家は、生粋の尊皇攘夷でした(笑)。ハクジンの言葉なんて、まじめに勉強するわけはありません。

研究所に着くと、部屋割りがありました。なんと、2人1部屋です。相手は当然外国人です。

夕食はみんなでテーブルを囲みます。それが2時間もかけて食べるのです。しかも談笑しながらです。

翌日のランチも2時間かかりました。

セッションと呼ばれる体外離脱の時間があるのですが、それが終わると発表です。参加者は24人なので、ほぼ全員、毎回発表です。当然英語でです。本当に苦難の連続でした。

モンロー研究所は誰でも参加できます。研究所のホームページから申し込みのメールを出せばよいのです。私のときはそういう連絡方法がなくて、手紙とファックスでした。

費用は5泊6日食事つきで23万円くらいです。

研究所とはいえ、脳波を測る装置を頭につけたりはしません。ベッドに横たわり、「ヘミシンク」(うなり現象)と呼ばれる音を、ヘッドホンで聞くだけです。

トレーナーが2人いて、面倒をみてくれます。彼らはモンロー研究所の卒業生で、職員ではありません。職員は数人しかいなくて、研究所内を案内するときしか会えません。

まわりは牧場で、とてものどかです。昼休みは3時間もあるので、私はずっと散歩していました。外国人と話すのが嫌いだからです。

男女の比率は半々といったところです。私が参加したときは、不倫カップルが何組も誕生していました(笑)。

最初のコースは「ゲートウエイ」といって、入門編です。体外離脱できたとしても、この世を探索するだけです。翌週は「ライフライン」という、あの世に行くコースがあります。私は近くの街に1泊して2週続けて参加しました。

余談ですが、1泊したホテルが変わっていました。廊下に向かって全部ガラスなのです。つまり、プライバシーというものがまったくないのです。

しかしその後、実際に体外離脱したとき、私は素っ裸でした。そのための練習かもしれません（笑）。

47 誰でも体外離脱が体験できる信号音「ヘミシンク」とは？

ロバート・モンロー、彼は42歳のときに体外離脱を経験し、以来79歳の寿命をまっとうするまで離脱を繰り返しました。

最初は、このまま死んでしまうのではないかと思い、パニックを起こしたそうですが、しばらく繰り返すうちに、コントロールできるようになったのです。

彼の興味はここで終わりません。脳波を調べると、体外離脱中は一定のパターンがあることに気がついたのです。そのパターンを他の人が経験するとどうなるか、そんな好奇心から研究が始まりました。

モンロー研究所の音響システム

創始者の故ロバート・モンロー氏

　彼はラジオ番組制作会社の社長で、社内では音響効果を利用した催眠学習の研究も始めていました。音響効果を利用して、なんとか体外離脱の脳波のパターンがつくれないか、そんななかでヘミシンクと名づけられた体外離脱信号音を発明し、一般の人が体外離脱を体験するための研究所を設立しました。１９７１年のことです。

　ヘミシンクとは、音響効果によって脳波のコントロールをするシステムです。たとえば右の耳から１００ヘルツの音を聞かせ、左の耳から１５０ヘルツの音を聞かせると、頭の中央では５０ヘルツのうなりを生じます。これはちょうどシータ波にあたり、通常はウトウトと眠りかけたときの脳波となります。

　さらに、脳の別の場所に８ヘルツのうなり

をつくります。これはアルファー波にあたり、精神を覚醒させるための働きがあります。

これらを微妙に組み合わせると、人工的に金縛りのような状態をつくることができます。

モンロー研究所が特殊な点は、体外離脱を繰り返したロバート・モンローの脳波のパターンをすべて蓄積して、データベース化していることです。そして、脳のなかで生じる「うなり」を微妙にコントロールして、ロバート・モンローと同じ脳波のパターンをつくりだしているのです。ですから、一般の人でも外部からのコントロールによって、モンロー氏の脳波を獲得できるのです。

研究所をラジオ番組制作会社から独立させ、現在のバージニア州で一般被験者を集めてセッションを始めたのが1979年です。

通常の人が体外離脱をするときは、よほど条件が整わなければできないといわれています。自由に好きなときにできるものではありません。

しかし、モンロー研究所は、それを可能にしたのです。

48 10日めにできた体外離脱で私の魂は日本の自宅に戻った!

10日めのことです。いつものようにヘッドホンをして、ヘミシンク音を聞いていました。

ブースで体脱しようとする著者

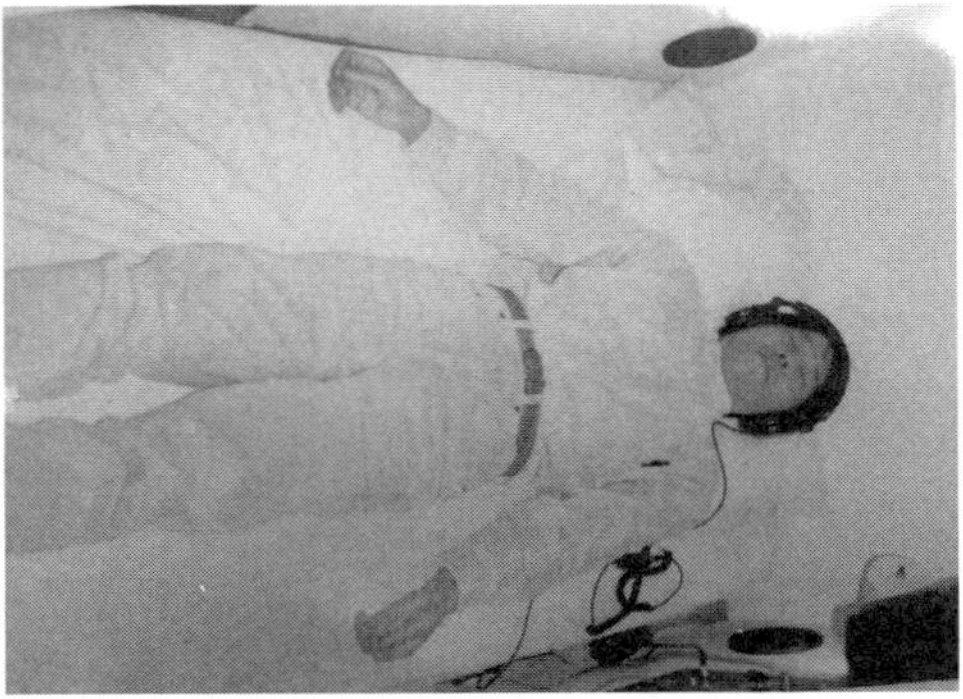

最高で1回20分間ほど「体脱」可能

そのとき、私は自分の手の感覚がなくなりつつあるのに、気がつきました。その日は寒冷前線の通過中だったために、毛布を首までかぶって実験に参加していました。

手は常にベッドと毛布の両方に接触しており、その感覚が、さっきまではありました。「おかしいな」という感じで、首を曲げて手を見ようとしたときでした。私の魂は、首から抜ける感じで、ベッドの上に出てしまいました。

私はベッドの上、約15センチのところに浮いていたのです。ゆっくりと首を回すと、目の前に自分の顔がありました。

見れば、私の肉体は目をつむって寝ています。呼吸に合わせて毛布が上下しています。

自宅への跳躍を意識しました。次の瞬間、私は自宅にいました。妻と子供の寝顔を上から見おろしていたのです。

妙なことに、娘が私のベッドで寝ているではありませんか。ああ、これは夢かもしれないと思いました。

しかし翌日電話したら、その日に限って娘は私のベッドで寝ていたそうです。

「起きてくれよ」

そうつぶやきましたが、声にはなりません。妻と子供に触ろうとしましたが、その手は体を突き抜けてしまいます。

「しょうがない、フェルル（飼い犬）に会いに行くか……」

彼女はリビングのハウスで寝ていました。私がのぞきこむと、目をあけてギロッと私を見ています。

私が動くと、その方向を目で追ってきます。通常の肉体をもった私を見るときの動作と同じです。

これは面白いというので、いろいろなところへ行ってみたくなりました。たとえば女風呂とか（笑）……。

でも、そういう邪心にイマイチ乗れないのです。見れば私は裸ですが、ブヨブヨです。萎えた状態なのです。

エッチな気持ちというのは、肉体が増幅しているのかもしれません。ですから、生まれ変わりの村で、あの世に行ってエッチしまくったという証言がありません。

あの世では、妊娠の危険も病気が移る心配もないだろうし、「生」でバンバンできると思うのですが……。

49「あの世に行ける「フォーカス27」の謎とは？

ヘミシンクはヘッドホンから聞こえる音だと書きました。それには種類があります。
・フォーカス3……肉体が眠り、意識が起きている状態
・フォーカス10……人間の精神、意識と物質的なリアリティが分離する第1段階
・フォーカス12……意識がより拡張していく状態
・フォーカス15……時間の観念を大幅に拡張する。別名「無時間の状態」といわれる
・フォーカス21……肉体は深いデルタ睡眠に入っているが、精神は完全に覚醒した状態
・フォーカス27……あの世に行ける周波数
・フォーカス35……輪廻を卒業する領域
私が自宅に行ったのは、フォーカス15でした。次のセッションはフォーカス27、すなわ

長女のローリー・モンローさんと

著者が着ているのは仙人ローブ

ちあの世に行くのです。当時はロバート・モンローさんが亡くなったあとだったので、長女のローリー・モンローさんが所長をしていました。

彼女が手紙を封筒に入れ、フォーカス27に置いてくるというのです。私たちはそれを見に行くのです。手紙のなかには疑問形の文章が書いてあり、それが封筒のなかに入っているといって、封筒を見せてくれました。

セッションに入り、フォーカス27に行った私は、あの世のモンロー研究所に到着しました。あの世のモンロー研究所は、ちょうど大理石でできたパルテノン神殿のようです。

中央に大理石のテーブルがありました。私はその上に封筒を見つけると、なかを開けてみました。私はゼラチン状の体になっていますが、動作は地上と同じです。封筒を持つ感触までであります。
封筒を開いてみると手紙が入っていて、英語の文章が書いてあります。
「あなたの友達や、あなた自身をヒーリングするとき、一番大切なことは何ですか?」
と書いてあったのです。手紙を封筒に戻すと、私は3次元の肉体に帰還しました。
セッションが始まる前に渡されていた紙にそれを書き、提出すると、ローリー・モンロ
ーさんがいいました。
「ケンだけがパーフェクトです」
と。なんと私だけが当たっていたのです。それも一字一句間違わずに書いたのです。私
はやんやの拍手を受けました。
実は私もびっくりしました。このテストは、体外離脱が本物であることの確信をプレゼ
ントしてくれたからです。

50 あの世で「僕の名はケンイチ」と答えたのは流産した息子?

死んでも浮かばれない人を救うボランティアをするというセッションに参加しま
した。

フォーカス27には、天使たちがいるといわれています。まずこの天使のひとりを募集して、あの世の道案内をしてもらうのです。

私は、自分を助けてくれる存在をイメージしました。実をいうと、綺麗な天使を期待していました。ところがコビトさんが現われて、私と手をつなぎました。顔は見えませんが、感じはスターウォーズのヨダに似ています。頭からフードをすっぽりとかぶり、大きめのガウンは足まであ りました。私は彼をヨダと名づけました。

浮かばれない霊たちは、フォーカス23という場所にいます。

コントロールルームより指示がきました。フォーカス23に戻り、そこにいる人たちを救えというのです。私はヨダと一緒にフォーカス23に舞い戻り、結局3人のさまよっている魂をフォーカス27に引き上げました。彼らに、もっとすばらしい世界があるということを教えてあげるだけでよいのです。

さて、フォーカス27に着き、時間があったので初めてヨダと話をすることにしました。

「ところで君の名前は何ていうの？」

「My name is Kenichi（僕の名前はケンイチ）」

そこで、初めて彼は顔を上げました。そこには胎児の顔がありました。

私と妻は、1度流産を経験しています。妊娠6カ月に入ったときに、お腹のなかで死んでしまって、人工的に出産させたのです。

私はその出産に立ち会ったので、私のみが彼の顔を見ていました。その胎児の顔は、まるで仏像のようにやすらかだったのが印象的でした。

ヘソの緒が切り取られ、別室に行ってしまうまで、私はずっと手を合わせていました。おそらく最初で最後の私の息子です。見つめ合うこともせず、何も話し合うこともせず、彼は生まれたと同時に逝ってしまいました。

私たちは、彼に健一という名前をつけ、彼のためにお葬式をしました。

その顔が、目の前にあったのです。私は圧倒的な感情に包まれながら彼を抱きました。

実はあの世のセッションに入ってから、私は彼のことが気になっていました。おそらくフォーカス23にいると思っていました。だから、浮かばれない魂を探すとき、どこかにケンイチがいるかもしれないという想いをもっていました。しかし、私と一緒にいるコビト君が、彼だとは思ってもいませんでした。

彼の顔は、あのとき以上にやすらかで、愛に満ちていました。そのとき、帰還信号がきました。

肉体に戻るとき、肉体側の私の目からは、涙があふれているのが見えました。肉体に戻ると一気に感情が増し、しばらく起き上がることができませんでした。目を真っ赤にして報告会に出ると、みんなが私を取り囲んで泣いてくれました。ああ、肉体は感情を増幅する働きがあるんだ、と思いました。

あの世では、意外に平静心を保ったまま、彼と話をしていたのです。悲しみも喜びも、大いに悲しみ、大いに楽しむために肉体が授けられているのかもしれません。

51「フォーカス35」は、光り輝く人たちで満ちていた！

モンロー研究所には4回行きました。その3回めにはフォーカス35というのがあって、その時点のモンロー研究所としては、最高の領域でした。

フォーカス35に着いた私は、驚きました。今まで私と関係した人が、全員いたからです。しかもみんなニコニコしています。

最初に取り囲んでいるのは、私の家族でした。私の家族は喜んでいました。私も笑いかけました。なぜ、こんなところで家族に会うのでしょうか？

その次の列にいるのは両親。次は私が高校のころにつきあった人たちでした。その次は大学でした。小学校、中学校の友達もいます。今関係ある人たちもいます。外国人もいます。そう、モンロー研究所で知り合った人たちです。

そういう顔たちが、フォーカス35の空間に浮いていたのです。

彼らにはエネルギーを感じます。私にエネルギーを送っているのです。その人たちのエネルギーのおかげで、フォーカス35は光に満ちています。外からの光ではなく、明らかに彼らの発する光です。

彼らの顔のなかには私が見たこともない顔もいます。もしかすると私がこれから会う人たちでしょうか。

彼らのすべてが私にエネルギーを送っています。

私はやっぱりすべての人とつながっていたと思いました。

私はこれらの人たちから生かされているのだと思いました。

そのなかには私が憎んだ人もいました。小学校のときにいじめられ、校舎の裏で殴る蹴るをしたヤツもいました。こいつだけは許さないぞ、いつか仕返ししてやると決心した相手でした。

しかし、彼も光り輝いて私にエネルギーを送っています。

人間は死ぬと、生前に会った人たちと再び会うといわれます。いじめた人は、いじめられた人の気持ちがわかるといわれます。それは、きっとこの現象だったのかもしれません。

でも、それは目には目をという、ある種の復讐に似た形ではなく、お互いに祝福しあう形での再会なのです。

52 「幽体離脱」と「体外離脱」の違いは？

幽体離脱とは、生きている人間の肉体から、霊魂（魂や霊体）が抜け出すということです。

体外離脱は英語のOut of Body Experienceからきていて、霊魂という概念はありません。

自分の肉体から抜け出す感覚の体験のことです。

つまり、東洋では幽体離脱と呼び、西欧では体外離脱と呼ぶようです。

なぜこの違いが起こったかといえば、宗教の違いにあると思います。

西欧諸国は、キリスト教が強いです。キリスト教には輪廻転生の考え方がありません。

ところが東洋は、仏教的考え方が主流で、霊魂が輪廻転生を繰り返すという概念です。

モンロー研究所では「体外離脱」と呼びます。

ところで私は参加者に聞きました。

「みなさんはアメリカ人で、クリスチャンだと思います。フォーカス35は、輪廻転生の場所だといわれました。みなさんは、輪廻転生を信じているのでしょうか？」

すると、参加者のひとりがいいました。

「アメリカ人の大半は、クリスチャンです。しかし、約半数は輪廻転生を信じています」……と。

さて、私は3歳のときに、幽体離脱を経験しました。

病気で死にそうになり、手術室の上から私の肉体を見下ろしていたのです。このとき、上のほうにまばゆいばかりの光を感じました。

その光に誘われて、上の世界に行ってもよいと思いました。しかし、結局、肉体に戻りました。

見れば、まばゆい光の原因は、手術台の上にある大きなライトでした。

7歳のときにも幽体離脱をしました。

当時、私の家には水道がなく、井戸水を汲んでそれを室内の水瓶に入れていました。なかを覗きこんでいたら、逆さまに落ちてしまったのです。

そのときは、家にいた従兄弟が気づいて引き上げてくれました。その風景を、私は幽体離脱をして眺めていたのです。

このふたつの経験があるので、モンロー研究所でも成功すると思っていました。

ところで、モンロー研究所のすごい点は、再現性にあります。ヘミシンクという音に慣れれば、それを聞くだけでいつでも体外離脱できるからです。

53「フォーカス35」への「不思議なドア」の謎

フォーカス35に行く前に、ちょっとした関門がありました。目の前にドアが出てきました。

「コンコン」

とドアを叩いたら、

「あなたは誰ですか?」

と聞いてくるのです。

「私は森田健です」

と答えました。

しかし、ドアの向こうの存在は、森田健といわれても、誰だかわかるわけはない、といいます。

それはそうです。森田健を知っている人だったら、森田健だといわれればわかるけれど、ドアの向こうの人にとって、初めて聞く名前など何の説明にもなりません。

「あなたに私を説明するなら、生まれてから今までのことを全部説明しなきゃいけないじゃないですか」

　と私がいうと、

「そうだ」

　というのです。

「モンロー研究所は1回5日しかいられないんだ。とにかく、このドアを突破しなきゃ、上の35に上がっていけそうもない。ヒントをくれ」

　といったら、

「子供のころのことを思い出しなさい」

　といわれました。

　それがヒントだというのですよ。

　それでわかりました。

　次に行ったときに、またドアを叩いて、

「あなたは誰ですか」

　と聞かれたので、

「誰でもありません」

　と答えました。するとドアが開いたのです。

人間というのは、イノセント（純粋無垢）に生きているのが本質的な状態なのだ、という気づきを、私はそこで得ました。

人間は、子供のころは360度の可能性があったのに、だんだん自分はこうだと規定していってしまう。

本当は何にでもなれるはずなのに、進路を決めなさい、お前は文系だ、理系だといわれる。自分は、もしかしたら他のことが得意かもしれないのに、たまたまそのとき理科ができたから理科系に行ってしまったりして、どんどんそうやって狭めていくのが人生だと。

人間は、生まれたとき誰でもなかった。名前もなかった。そういう世界があったんだということに気づきました。

私は本来、誰でもなかったのです。

不思議なドアは、それを教えてくれたのです。

54 モンロー研究所で学んだ「大切なこと」とは？

私は誰でもない、というのは、どういうことでしょうか。

自分で生き方を変えるというのは、まず無理なんじゃないかということです。

言い換えれば、私は「結果」だということです。自分は「原因」ではないということです。私は結果であるというのは、目的も何ももっていないはずだということです。

ところが、外から「ああせい、こうせい」といろいろなことをいわれて、もう馬車馬のように走るのが自分自身であるというふうに思いこんでいく。

自分は結果であるのに……。

では、結果として生きるには、どうすればよいのでしょうか。

本来の私たちは「点」だと思います。だとすれば、プロセスの生じるがままに任せればよいのです。

点、すなわち「無いあなた」であっても、連続するとそれは線になり実体化します。「無いあなた」をどうやって磨《みが》くのでしょうか？「無いあなた」をどうやって変えるのでしょうか？ 性格というのは、一瞬一瞬、変化していると思うのです。プロセスで生きることは、常に真っ只中だと思って生きることだと思います。そうすると、味わいも深くなると思うのです。

これが、私がモンロー研究所で学んだことでした。

その後、研究所に行った日本人の体験者のなかには、上の存在から輪廻からの卒業をめざしなさいといわれたと語る人が多いのですが、私はそれをいわれていません。

私は誰でもないということと、自分は結果であるという2つの気づきに出会った。これが私のモンロー研究所の体験なのです。

ドアと向き合い、「私は誰でもない」という気づきに出会ったこと。そして、「私は結果」という概念を得たことなのです。

それは、私たちが何にでもなれるということであり、360度の可能性をもつ、オールマイティな存在であるということなのです。

55 魂を「リリース（解放）」するって、どういうこと？

私たちは、動的に生きています。なにがしか外部に対して活動をしています。

そのときの状態ですが、私は2種類しかないと思っています。

外向きの状態か、内向きの状態かです。

言い方を変えれば、心のベクトルが外を向いている状態か、内を向いている状態かです。

中間はありません。人間はまるでスイッチのように、外と内を行ったり来たりします。

どちらがエゴだと思いますか？

外だという人は、意外と多いのではないでしょうか。精神世界では、よく「内を見ろ」

というからです。

実は、逆だと思うのです。

内がエゴです。外が愛です。

たとえば、人と話をしているとします。自分の魂が外に出て相手に達していれば、それは愛です。好きな人と話をするとき、あなたはほとんど「あなた」のなかにはいないと思います。あなたは相手との中間に飛んでいるはずです。自分はカラッポ、そのかわり相手との中間に、あなたはいます。

なぜ、そんな状態になるのでしょうか。それは、あなたがあなた自身をリリース（解放）するからです。

なぜリリースできるのでしょうか。理由は2つです。それは、あなたが相手を信頼していることがひとつと、あなたがリリースの恐怖から解放されているからです。

内向きのベクトルが働いたときは、どうでしょうか。あなたは、自分のことを考えはじめます。こんなことをいったら、嫌われるんじゃないか……、相手のいうことは信用できないなどと……。つまり、自己防衛を始めるのです。

基本的には、自分が傷つくことが怖いのです。こうなると、あなたは相手との中間にはいません。そのとき、エゴが始動します。自分を守れと……。

体外離脱にも似たようなものがあります。自分をリリースしないとできません。これは、外に対する信頼感も必要です。性善説でないと自由な体脱は、たぶん無理でしょう。時空を信頼することが大事なのです。

内に向いたとき、エゴが発生します……これは私の持論です。

しかし、相手に魂を飛ばすには、リリースする自由に耐えなくてはなりません。身の安全を第一とするなら、魂の体脱はできないように、リリースもできません。

といっても、実は笑っている瞬間はリリースしているのです。あなたはその瞬間、自分も相手も肯定し、魂を相手に飛ばしています。

笑っているとき、あなたの魂は拡散しています。相手を通じて、全体と「合一」しています。

PART6　不思議現象――「チベット編」

56 チベットへの旅で「運命」と出会う！

トラさんとチベットの旅をしました。

ランドクルーザーを借りて、約1カ月にわたって、チベットの大地を走りました。大地といっても、道はありません。しかし、道がないのに時速80キロくらいで走ります。車の天井に、何度も頭をぶつけます。

山間部に入ると、ガケばかりで走ることができません。川にそのまま入って走りました。川底は岩石ばかりなので、左右に激しく揺れます。一日走っても、人や車に遭遇しない日がありました。

それでも私は、

「もう一度旅をしたい場所はどこですか？」

と聞かれれば、

「チベットです」

と答えます。それほど私を魅了した場所でした。

日本に住んでいると、行きたいところに苦労せずに行けます。買いたいものもすぐに買

四輪駆動車「ランドクルーザー」

深い川のどこを渡ろうか……

えます。つまり日本では、自分の意志がそのまま結果に反映されるように感じます。言い換えれば、「私が原因」でコトを為《な》しているように思えるのです。

ところが、チベットは違います。中国に属していますが、中国の他の地域とは違います。私は内モンゴルにも行きましたが、チベットの比ではありません。

チベットの首都ラサは、すでに標高4000メートルで、雲が下に見えます。酸素の量は40パーセントくらいしかありません。息切れするので、長いこと走ることができません。しかも、天気は不安定です。夏なのにヒョウや雪が降ってきます。

詳細な道路地図など売っていません。当たり前です。道路がないんですから……。運転手はチベット人でしたが、ほとんどカンで走っていました。

ですから、「計画的」ということがなくなりました。出たとこ勝負の旅となりました。

これが、私の生き方を大きく変えたのです。

「えっ？　チベットに行った程度で生き方が変わったのですか？」

そう聞く人もいそうです。

その理由は、隣りにトラさんが乗っていたからです。

私は1996年にトラさんに会っています。彼がすでに占いを発見したことは、知っていました。そして、それを私に勧めてきました。

しかし私は、占いに手を出したら終わりだと思っていたのです。

それほど占いを信じていませんでした。2001年の7月、そのトラさんを隣りにして、約1カ月、チベットを旅したのです。

私は勇気を出して、トラさんに聞きました。

「運命は決まっていますか？」

トラさんは答えました。

「はい、決まっています」

ランドクルーザーは、標高5000メートルを走っていました。夕方までに次の村に行き着けるかどうか、わかりません。

トラさんは追加しました。

「でも、変えることもできます」

私は前を見たまま、呆然としていました。

変えることができる……こんなフレーズはどうでもよいです。その前にトラさんがいったひと言を、私は飲みこめずにいたのです。

生まれ変わりの村も経て、トラさんという人物は、私にとって無視できない大きな存在に変わっていたからです。

57 風（ルン）といわれるエネルギーの謎

オーラを発する、という言葉があります。仏像の後ろには、金色の光が描かれていることが多いです。オーラを見ることのできる人から、

「あなたのオーラは金色です」

とかいわれれば、嬉しいと思います。

オーラは、その人が発している「気」の色です。そして、「気」には意識を入れること

ができます。

能力者が病気の人に手かざしをするのは、病気が治ってほしいという意識を送るのです。しかしチベットでは、「気」とは別に「風（ルン）」と呼ばれるエネルギーがあります。

風（ルン）は無色透明です。風（ルン）には意識を入れてはいけないのです。

「気」は違います。前にも書いたように、相手に「病気よ良くなれ」という意識を乗せることができます。気には、そもそも「良い気」という概念が暗黙のうちにあります。反対の言葉として「邪気」という言葉があるくらいですから。

でも風（ルン）は、無色透明でないといけないのです。それを相手がどう使うかは、相手しだいなのです。

チベット密教系では、いわゆる手かざしの治療を見たことがありません。相手に気を送るということは、あまりよいこととはされていないようなのです。

私はこのことを、単なるルールの問題かと思っていました。ところが、「私」すなわち「アイデンティティ」と非常に関わりがある、ということがわかったのです。

意識とともに気を送るというのは、相手に夢を送るようなものなのです。相手に夢を送るという行為は、自分にも相手にも「私」というアイデンティティがある、ということなのです。「夢」……すなわち病気が治る、というようなことです。

ラサ中心部

ジョウガン寺の屋上から

チベット密教には「ゾクチェンの教え」というのがあります。次の言葉で短く表現されています。

『あるがままのものを定義できる概念などありはしないのです。にもかかわらず、顕現は現われつづけます。すべてよしとして……。

いっさいはすでに成熟しているのですから、努力の病を捨て去り、あるがままで完全な境地にとどまることです。

すべてははじまりから、自分はすでに自分が到達したいと思っている場所にいるのだということが、直接明らかになります。この境地は〈あるがままで完璧な〉と呼びます。

みずからの真実は、あるがままで完璧な境地であるということを、本当に悟ることができたら、それが成長なのです』

こういう教えです。

これは、風(ルン)が無色透明であることからきています。努力してオーラを金色にする必要はないのです。

58 標高6000メートルに咲く「雪蓮花」の不思議なエネルギー

標高6000メートルでは、夏でも雪があります。その雪を掘ってみると、可憐な花が出てくるときがあります。雪蓮花と呼ばれ、仏教のシンボルである蓮の花に似ています。ですから、チベットでは極楽浄土に咲く花とされ、ラマ僧には「神の花」とも呼ばれています。

花の大きさは15センチほどもあります。雄花と雌花があることで、チベットでは恋花としても有名です。

標高4000メートルを超えるチベットには、風(ルン)というエネルギーがあることはすでに書きました。それは、体では感じられないほど微細です。標高の低い地域にある濃いエネルギーとは違います。

私は日本で生まれましたので、標高の低い地域です。そこでは、運命は自分で切り開く

雪蓮花

微細なルンのパワーが花を包んでいます

ものだと教わりました。そのとおりに努力しましたけれども、私の運は一向によくなりませんでした。しかし、チベットに行ってきてから、私の運は上がったようです。

微細なエネルギー……それは、諦めの境地なのです。運は諦めたときにしか、よくならないという、まったく変な性質があるようです。

雪蓮花を買いました。標高6000メートルの雪の下に咲く雪蓮花は、チベットの微細なエネルギーを、そのまま東京の私に運んでくれます。

私は寝る前に、お酒を軽く1杯飲む習慣があります。そのとき、雪蓮花を浸したお酒(水割り)を飲みます。そして一日のできごとを思い出し、「努力しても仕方がない……諦めよう」とつぶやきます。すると、妙に運が開けてくるのです。

アルコールに漬ける場合は、雪蓮花1本をそのまま漬けこみます（約1000ccが目安）。できるだけ度数の高いもののほうがよいようです。お酒を飲まない方は、雪蓮花を水から煮出して飲むこともできます。

59 チベットの「マニ車」と「風（ルン）」の秘密

チベットのお寺に行くと、回すとガラガラと音のするものが置いてあります。マニ車というのだそうです。

聞けば、なかにお経の経文を印刷したものが入っていて、1度回すと1度経文を読んだことになるのだそうです。

たしかに取っ手がついていて回せます。ハンディタイプのものもあり、それは赤ちゃんのガラガラにそっくりです。

最初これを聞いたとき、「経文をバカにしているんじゃないか!!」と思いました。

しかし、「経文の意味なんてこれを回すようなものなんだよ……」といわれているような気がしたのは、僧侶たちのリズミカルな読経を聞いてからでした。

ハンディタイプのマニ車（上下）

なかにはお経を書いた紙が入っている

日本のお坊さんが唱えるお経とは、まったくテンポが違います。ひと言でいえば「ロック調」に唱えているのです。

ジョウガン寺というお寺のなかでは、ハンディタイプを持っている人が、読経に合わせて回していました。

ひょっとして、それは風（ルン）をつくっているのではないでしょうか……。よく見れば、その部屋には細かな微粒子が乱舞しています。

微粒子は大きく渦を描いています。まるで銀河のように……。

「気」が、このような銀河の渦になったのを見たことはありません。

風（ルン）はマニ車でつくられていたのです。しかも、1回ガラガラと回すだけで経文1回分……。この人を食った発想こそ、チベット密教の真髄かもしれないと思いました。

ところで、私が泊まっているのはジョウガン寺というお寺の境内から歩いて1分の距離です。チベットの首都ラサは、ジョウガン寺を中心として構成されています。自動車の乗り入れも制限されています。

ジョウガン寺の下の部屋で読経が始まったとき、私はその真上の屋上に座ってみました。下から風（ルン）が渦を巻きながら上がっていくのが見えました。そして、上空で大きな渦になりました。

でも、ホテルに帰ったらその風（ルン）の渦は見えないのです。あれれ、おかしいな……と思い、再び寺に行きました。すると見えるのです。寺のなかでは読経があり、ハンディ・マニ車が回っています。やはり、マニ車に秘密があったのです。

60 「回転呪文指輪」の不思議なパワー

話がわき道にそれます。チベットのマニ車で思い出したのが、「回転呪文指輪」です。前述の超能力者、孫さんには物質化現象は起こせませんでした。ところがある日、偶然に会ったチベットのオババから、回転できる指輪のことと呪文を教わりました。同じものを作り、瞑想してみると、突然、空中から薬が現われたそうです。

東京の奥多摩の旅館に泊まったとき、孫さんは私の目の前でも実演してみせました。孫さんの指輪には、呪文が彫ってありました。その呪文は、「オンマミバミホン」というものです。ジョウガン寺で僧侶が唱えていたのと同じです。指輪を回しながら、この短いフレーズを繰り返し唱えるだけなのです。

指輪に彫ってある呪文は、蓮花菩薩が至福の極楽世界へ行かれるように、祈願をすると

回転呪文指輪

まわりにはお経が彫られている

き唱えた歌だそうです。「観世音菩薩の呪符」ともいわれています。

この呪文には、多くの効能があることがわかりました。その最大の効能は、「すべてが実現、成功する」ことです。すべてを実現、成功させるには、ほとけ様の力を借りることなしにはできないといわれ、この呪文にはそういう意味があるのです。ですから、物質化現象だけでなく、すべての「思い」に効力があるのだといいます。

呪文の部分は、回転するようにできています。孫さんは回転させ、呪文を唱えながらしばらく瞑想しました。すると、部屋のなかにパラパラと薬が降ってきました。

私も回転呪文指輪を作ってみました。外側は18Kで、回転する部分は銀です。そして目の前にガラスの容器を置き、孫さんの隣りに座り、指輪を回しながら呪文を唱えました。

「オンマミバミホン、オンマミバミホン、オンマミバミホン……」

20分ほど唱えたあと、目を開けました。

するとびっくり、ガラスの容器に数粒の薬が出現していました。薬は正露丸に似ています。味も正露丸そっくりです。私は胃が弱いので、胃の薬が出たのだといわれました。

その後、孫さんの能力は高まる一方でした。ある日、直径20センチもある薬を出現させました。しかし20センチもある正露丸を飲んだ日には、死んでしまいそうです。

恐るべし、回転呪文指輪です。

マニ車は、風(ルン)を発生させました。そのなかには、お経の紙が入っていました。回転呪文指輪には、表面にお経が彫ってあります。それを回転させることで、何かのエネルギーをつくりだしているのかもしれません。

61 海抜6500メートルの砂漠で遭遇した2人の美女の謎

話は再びチベットに戻ります。

ブータンの国境付近を走っているときのことです。おかしなものを見たのです。

私たちはこの旅で、一番高い標高の地点を走っていました。海抜6500メートルです。細かな岩石ばかりの砂漠です。

すると、私たちの車の前100メートルのところに、突然、女性が2人出てきたのです。100メートルの距離とはいえ、時速80キロくらいのスピードで走っているので、すぐです。

運転手は、手で「どけどけ」のジェスチャーをしました。クラクションは鳴らしませんでした。これは、運転手にとって異例のことでした。通常はクラクションをどんどん鳴らすのにです。

中国やチベットでは、車が優先されています。車の進路を人が塞ぐことはありません。しかし、背の高いほうの女性が、数歩横に歩いて、四輪駆動車の進路そのものに移動したのです。彼女は、満面の笑みをたたえていました。私にとっては、これがとても印象的でした。車の進路にわざわざ出て、笑みをたたえる人がいるでしょうか?

運転手の手による「どけどけ」の合図を見て、女性は脇にどきました。

私たちの車は彼女たちの横を、猛スピードで走りました。

その瞬間です。私の隣りに座っていたトラさんが、

「あの人たちは普通じゃない」

といい、振り返りました。そして叫びました。

「いない!!」

私も振り返りました。

「ほんとだ!」

通訳もドライバーも、振り返りました。

全員沈黙……。

「幽霊かな……」

ドライバーがいいました。

こんな場所には、植物の気配すらありません。岩石だけなのです。この場所に、しかもこの時間帯(夕方)に取り残されれば、私でも生還できるかどうかわかりません。しかも細かい岩石ばかりで、隠れる場所はありません。それなのに2人はいないのです。これは、車に乗っていた4人が目撃しました。

トラさんにいわせると、この現象はチベットではときどきあることなのだそうです。さらにこの現象に遭遇すると、とても運がよくなるのだそうです(ほんとかな)。

この2人の女性は、とても綺麗でした。2人は姉妹に見えました。ニコニコした笑顔も、素敵でした。

幽霊にしては、生気に満ち溢れていたのです。しかも2人とも、よそ行きの民族衣装を

標高6500メートルの虹

外側のもうひとつの虹は写真に入らなかった

着ていました。そういう格好でこんな場所にいること自体、変だったのです。

民家がある場所までたどり着くには、まる一日でも無理でしょう。しかもあの「よそ行き」の服装では……。

チベット語の通訳の女性が、「あれは精霊に違いありません」というのです。

さっきの場所を再び見ると、風（ルン）の竜巻が見えたのでした。

その5分後です。今度は私たちの目の前に、きれいな虹が現われました。しかも虹は、大小2つありました。まるで姉妹のように……。しかも、その虹は本当に小さいのです。直径20メートルほどです。

その虹をくぐると、きれいな湖が現われました。世界一標高が高い湖です。

彼女たちは、その湖に住む精霊だったかもしれません

62 氷点下の高所で、通りすぎた馬の親子に教えられたこととは？

とうとう車が故障しました。四輪駆動車でもチベットは過酷なのです。しかも、日が落ちかけていきます。

運転手はボンネットを開けて、フロートの掃除を始めました。フロートとは、エンジンにガソリンを効率よく噴射させるための浮きのことです。1時間ほど前にガソリンスタンドに寄ったのですが、そのとき入れたガソリンに水が混ざっていたらしいのです。運転手は、何やら溜め息をつきました。事態は深刻の様子です。

私はイライラしはじめました。一番近い村までは、数時間走らなければならないからです。そのとき、向こうからお馬の親子が歩いてきました。そして、私たちの車の前を歩いて通過しようとしました。

馬たちは、私たちを〝チラッ〟と見たのです。

私は思わずつぶやきました。

「なんだよ、その目は……」

まるで私たちを哀れんでいるように見えたからです。

馬に同情される私たち……。

「ざーけんじゃねー」

私はキレそうになりました。

しかし、トラさんは落ち着いた声でいいました。

「馬は自分の家に自分で帰るのです……」

なんてのんきなことをいっているのだと思いました。今は、馬が家に帰ることなどどうでもよいはずです。

しかし、馬の親子は同じ歩調で歩いていきます。

トコトコ……。

トコトコ……。

そのとき、ふと思いました。

「私の前世も馬だったかもしれない」

孫さんも、こんなことをいいました。

「私の前世は猫でした。人は20パーセントくらいが前世で動物を経験します」

そういう運命を変えることはできません。運命を変えることができないとすれば、イラ

親子の馬

矢印に親子の馬が……

イラするだけ損です。

その後、車は復帰しましたが、村に行き着く前に、また故障しました。

気温はどんどん下がり、氷点下となりました。

私は外に出て、小さな懐中電灯で照らす手伝いをしていました。

ふと上を見上げると、満天の星でした。標高が高いので、日本で見る星の数の１００倍はありそうです。

と、突然運転手から「ちゃんと照らしてくれ」と注意されました。でも、また上を見ます。運命が決まっているなら、その運命を楽しんだほうがよいのです。

私は、チベットのお馬さんから、それを教わったのです。

63 「空（くう）」とは「絶え間ない変化」に身を任すこと！

ジョウガン寺に申請を出しておいたら、とうとう高僧との問答が実現しました。その高僧は、ジョウガン寺ではナンバー2といわれている人です。大変な学識者です。彼はとても頭の切れる人でした。チベット語、中国語、英語ができました。

私は聞きました。

「肉体とは何ですか？　なぜ男と女があるのですか？」

すると、彼は答えました。

「肉体は衣服と同じです。魂には男も女もありません。魂が単に性別の服を着ているだけです。ですから、本当の男とか本当の女とかは存在しないのです。服が男っぽい男服、ちょっと女っぽい男服……こういう差にすぎません。人間は、肉体という服を簡単に着替えることはできません。ちょっと女っぽい服を着ているのに、もっと男っぽくなるのは無意味です。魂のレベルには、男も女もないのです。どちらにでもなれます。そこに優位の差はありません」

次に私は、

お坊さんと……

このあと著者からソーラーラジオをプレゼント

「空（くう）について教えてください」

とたずねました。高僧は答えます。

「空を誤解している人は、大変に多いです。空（くう）は何もないことではありません。空（くう）を一言でいおうとすれば、〝絶え間ない変化〟ということです。物でも人間でも、一定ということはないのです。常に変化をしつづけています。だから実体としてつかまえようとしたとたんに、それは変化します。実体として捉えることは不可能なのです。では、変化する枠としてとらえればいいではないかという人がいますが、枠を設定しても変化はそれを飛び越えるかもしれません。過去がこうだからといって、それで未来を考えることはできません。今、を生きるというのも違います。意識して今を生きることなどできませんから……。絶え間ない変化に、どれだけ身を任すことができるかがポイントです」

私はたてつづけに聞きます。

「人間は何のために生きるのでしょうか？

時空は何のために人間を存在させたのでしょうか？　時空の目的は何でしょうか？」

「これらに関しては、チベット密教では正解を用意していません。ただ、わかりませんとしか答えられません。もしもいうとすれば、まったく個人的な意見でしかありません。それを追求して私たちも修行しているのです。仏陀ですらあなたの質問の答えは用意していないはずです。わからないことはわからないというのが私たち仏教の修行僧です」

印象的だったのは、空（くう）の概念です。

彼は、変化に身を任すことだといいました。言い換えると、これはゾクチェンの「あるがまま」にとても近いような気がしました。

PART7　不思議現象——運命を変える奇跡の「予知術」

64 運命を決定するのは、誰?

誰だって運命が決まっているなんて思いません。

小学校のときは「夢をもちなさい」といわれました。高校になれば「将来なりたいビジョンをつくり、それに沿って進路を選択しなさい」といわれてきました。運命を決めるのは私、運命をつくりだすのも私……というわけです。

それをほとんど疑っていませんでした。

特に若いときはそうでしょう?

運命が決まっているなどといわれたら、人生に対して〝やる気〟を失います。

しかも、運命が決まっていたとすれば、戦争をどう考えればよいのでしょうか? 戦死した兵士の死を無駄にしたくない、とかいって平和への道を模索していますが、それもすべて運命であり、変更することもできなかったといわれれば、戦死した息子をもつ母などは、どうすればよいのでしょうか。

反対に、努力して成功した人だってそうです。すべて運命で決まっていたんだといわれたら、それまでの血のにじむような努力は、いったい何だったのかと……。

運命が決まっていることが証明されたら、人類は衰退してしまうかもしれません(笑)。それが理由かどうか知りませんが、運命という問題を科学で取り扱うことは、タブーだと思います。

同じように、宗教でもタブーのようです。なぜなら、運命がすべて決まっているのなら、その宗教に入る意味も少なくなると思うからです。その宗教に入ることで、その人の運命が変わり、救われるからこそ、意味があるのです。

つまり、私たちが自由意志で動いているというのは、数学の「公理」のごとく、疑わざる前提となっているのです。

しかし真理は、たとえ悪いことでも早く知ったほうがよい、というのが私の持論です。早く知れば、早いうちに対策を立てることができます。

それとも一生騙されて生きますか？　悪いことは知らないほうがよいとかいって……。

65 エリート学者のトラさんは、なぜ占いにはまったのか？

実をいうと、占いの古文書の発見者であり開発者のトラさん自身も、最初はこの占いを信じていなかったそうです。コインを投げて未来がわかるはずはない、と思ったそうです。

私に送ってくれたテキストの最初の部分には、次のように書かれています。『占いを話題にすると、信じる人もいれば信じない人もいるでしょう。もし10数年前に占いについてのアンケートを受けたとしたら、私はきっと信じないと答えたに違いありません。私は考古学関係の仕事をしています。そして、私は生まれつき強い好奇心を抱き、不思議な世界にも興味が深いのです。

考古学の研究で占いの古文書を発見し、それを解明するため多くの文献を読んでいくうち、占いの方法を身につけました。たまに冗談半分で友達に占いをしたら、意外に何回か当たりました。1度や2度ならば偶然なことと思うかもしれませんが、何回も当たったので、私は興味をもち、占いをもっと深く研究しました。そうすると、古代の本にも不合理な部分があるのを発見して、実践からの心得をまとめて、やっと占いの真髄がわかりました。(中略)

私たちは聖者ではありませんが、時空を超越して何かの力を借り、世間のできごとを知っておいて、自分の思うままに変える能力をもつことは可能なのでしょうか。

ここ数年来、自分のためだけでなく、他人のために数えきれないほどの悩みと苦痛を占いによって軽減し、また驚くほどの的中率に感動しました。

私の研究している「六爻《ろっこう》占術」の使用範囲はとても広く、天気・地震・農業・商売・人生の吉凶・進学試験・結婚・仕事・出産・病気・修行・尋ね人・スポーツの試合・株・金運・旅行の安否・夢あわせ・吉日の選定・動物・宇宙探索・家の風水など、いろいろの面に触れて、生活全般にわたって重要な役目を果たしてくれます』

トラさんの文章は以上です。

トラさんが占いにはまっていった理由は、「自分の思うままに変える能力をもつことが可能なのでしょうか」という点にあるのだと思います。

しかし、占いを初めから信じられなかったのは、トラさんの奥さんも同様です。特に奥さんの実家は、猛反対だったそうです。トラさんは大学を出て考古学者になりました。それは高級公務員に属します。その経歴を占いでつぶすことはない、といわれたのです。しかし、今では奥さんの実家も占いを信じて、何かというと相談にやってくるそうです。

66「時間は未来から流れる」というチベット密教の教え

トラさんは、山西大学外国語学部日本語学科を出ています。当時の大学は、学費がタダで寮生活の費用もタダでした。しかも、お小遣いまで支給されました。

そのためか自由は少なくて、卒業するとき、職業は国が指定してきたのです。級友たちは外交官になったり、貿易関係の職業に就いたりしました。トラさんがいわれたのは、考古学者です。とてもガッカリしたそうです。せっかく勉強した日本語も、役に立ちそうにはありません。

しかし、よいこともありました。1年に1度レポートを出せばよいだけです。所員は3人いるそうですが、レポートをちゃんと出しているのは彼だけです。

たまに発掘がありますが、穴を掘る作業をするわけではありません。発掘された物を鑑定するだけです。それは年に2、3回だそうです。つまり、あとはブラブラしていてよいのです。フーテンの寅さんのようだというのも「トラさん」と命名した理由のひとつです。

そして、もっと驚く話があります。所員は、他の国家公務員より3倍も給与が高いのです。なぜかというと、発掘した物品をネコババさせないためだそうです(笑)。

というわけで、3倍の年収がありながら、毎日が有給休暇状態なのです。私が年に3回中国に行き、私の旅行に3カ月以上同行できるのも、こんな理由があったからです。

しかし、当時やることがないので、トラさんはチベット密教の修行を始めました。すると、実力はメキメキ上がりました。

まず、エネルギーが見えるようになりました。孫さんは、病気治療のとき相手に手かざしをしますが、孫さんの手のひらから、虹色のエネルギーが出ているのがトラさんには見えるそうです。あまりにきれいなのでカメラに撮ったら、写っていなかったそうです。

幽体離脱は、私よりもうまいといいました。ヘミシンク音などを聞かなくても、いつでもどこででもできるのです。その後、占いを始めたトラさんは数々の新発見をするのですが、チベット密教で修行した能力がかなり関係していると思います。

さらにチベット密教では、「時間は未来から流れる」といいます。

時間は普通、時計が進むように、過去から未来に流れていると解釈されています。それは、ちょうど推進力のあるボートに乗って水路を進むようにです。この考え方によれば、原因は過去にあるわけです。

ですが、チベット密教では、時間を未来から過去に流れるものと解釈しているのです。水路の水が前から後ろに流れていて、私たちはそのなかで止まっているようなイメージです。これは、原因を未来におく考え方です。

これも、トラさんが占いにはまっていく動機になっていると思います。

67 2000年前に「六爻占術《ろっこうせんじゅつ》」が封殺された謎

この占いを、正式には「六爻占術」といいます。「六爻」とは「6回交わる」という意

発掘された六爻占術の古文書

味で、コインを6回振るということから、この名前がつけられました。

今から2000年前、京房《けいぼう》という学者が、五行と十二支を卦《け》に取りこみ、六爻占術の前身にあたるものをつくったのが最初です。

しかし、彼が自分の力でつくったものかどうかは不明です。というのは、次の伝説があるからです。

京房はある昼下がり、気持ちよく散歩をしていました。竹やぶのなかに大きな岩がありました。そこに着くと、とても眠くなりました。

岩の上で寝ていると、天から占いの情報が次々と降りてきたのです。眠りから覚めると、彼は家に急いで戻り、夢で見た情報を書き留めたのです。これが「六爻占術」なのです。

という話です。ありうると思います。これだけ精度の高い占いを、人間の手でつくることはできないような気がするからです。

当時は、その年が豊作になるか凶作か、あるいは天変地異があるかどうかを占い、皇帝に進言していました。ところが、あまりに当たる占いに危険なものを感じた皇帝は、彼を殺してしまいます。ところが、京房は自分が殺される日まで、正確に記した本を友達に託してありました。しかし、皇帝がその占いを禁じたため、本は長いこと日の当たる世界に出ることはありませんでした。

68 運命を劇的に変えられる奇跡の「六爻占術」とは？

私が知っている占いのなかで、運命を劇的に変えることができるのは六爻占術だけです。

私の親戚で、子供がもてないと判断された夫婦がいました。夫婦は六爻占術で占いました。すると、羊の携帯ストラップをつけると運命が変わり、妊娠できるという判断が出ました。

夫婦は羊の携帯ストラップをつけました。するとどうでしょう、3カ月後に妊娠して、無事に女の子が誕生したのです。

羊の携帯ストラップひとつが、運命を変えたのです。

日本で六爻占術を始めた人は、トラさんに相談することができます。ある人から次の手紙が来ました。

「巳（蛇）と午（馬）の置き物を設置したら2カ月めに妊娠がわかりました。結婚して5年、弟夫妻に子供が早くできていたので、長男の嫁として親から妻にプレッシャーがかかり、精神的に悩んでいました。妊娠がわかったときの妻の喜びようはありませんでした。日が経つにつれ、お腹が大きくなり、胎児に話しかける姿を見ると、これで妻もプレッシャーから解放されるし、やっと自分にも子供ができるのかと思い、嬉しくなりました。そしてトラさんに教えていただいた改善の実行により、無事元気な女の子が産まれました。ありがとうございます」

このように、妊娠できなかった人が運命改善に成功した割合は、92パーセントにも及びます。

しかし、受験はどうでしょうか？

落ちる運命にあった人が、受かった事例は68パーセントです。

なぜ、この差が出たのでしょうか。

それは、子孫繁栄というのが自然の理にかなっているからだと思います。自然の理にかなっている方向に対しては、特に変更しやすいのだと思います。しかし、受験で運命変更した場合、他人への影響だけでなく、自分の人生そのものにも大きく影響すると思います。なぜなら、出会いが大きく変わると思うからです。行く学校が変われば、結婚相手も変わるかもしれません。

金運はどうかといえば、81パーセントが金運改善に成功しました。金運は自分が儲けることで、他人にかける迷惑の度合いは低いから、運命改善もしやすいのだと思います。

どうして運命改善ができるかをお話します。まず陰陽五行を使うのです。

五行とは漢方医学の世界の言葉で、水・火・木・金・土として宇宙を抽象的に5つの元素に分けたものです。それぞれ違ったエネルギーがあるといわれていますが、まだ西欧科学の世界では、実証されていません

ここで五行の「生じる関係」の知識が必要です。

五行の世界では、土は金を生じるのです。生じるというのは、エネルギーを与えて強めることです。

次は十二支を使います。十二支もそれぞれの五行をもっています。たとえば、未（羊）は土の五行です。土は金を生じます。妊娠できない人は金の五行をもっていたので、そのエネルギーを強くするために、羊の携帯ストラップをつけたのです。

どの五行を使うのがよいかを判断するのが、「コインを振る」ことなのです。

運命変更全体平均

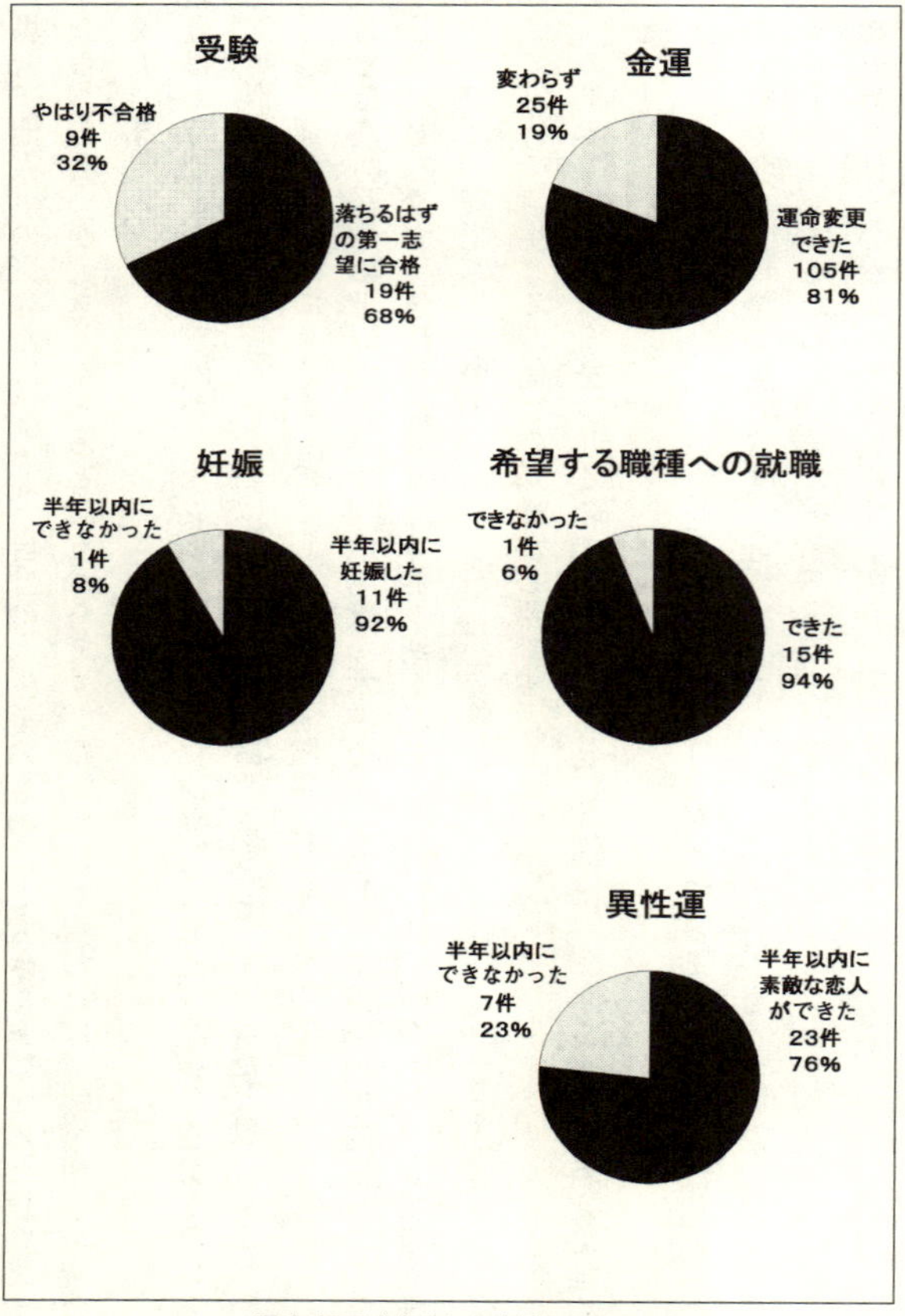

運命変更が成功した割合は84%

五行

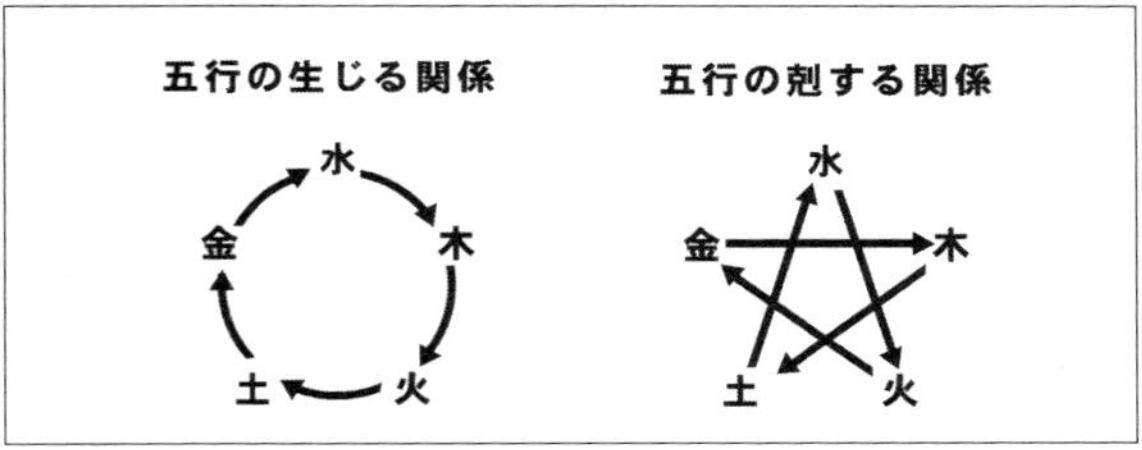
五行の生じる関係
水
木
火
土
金
五行の剋する関係
水
木
火
土
金

十二支

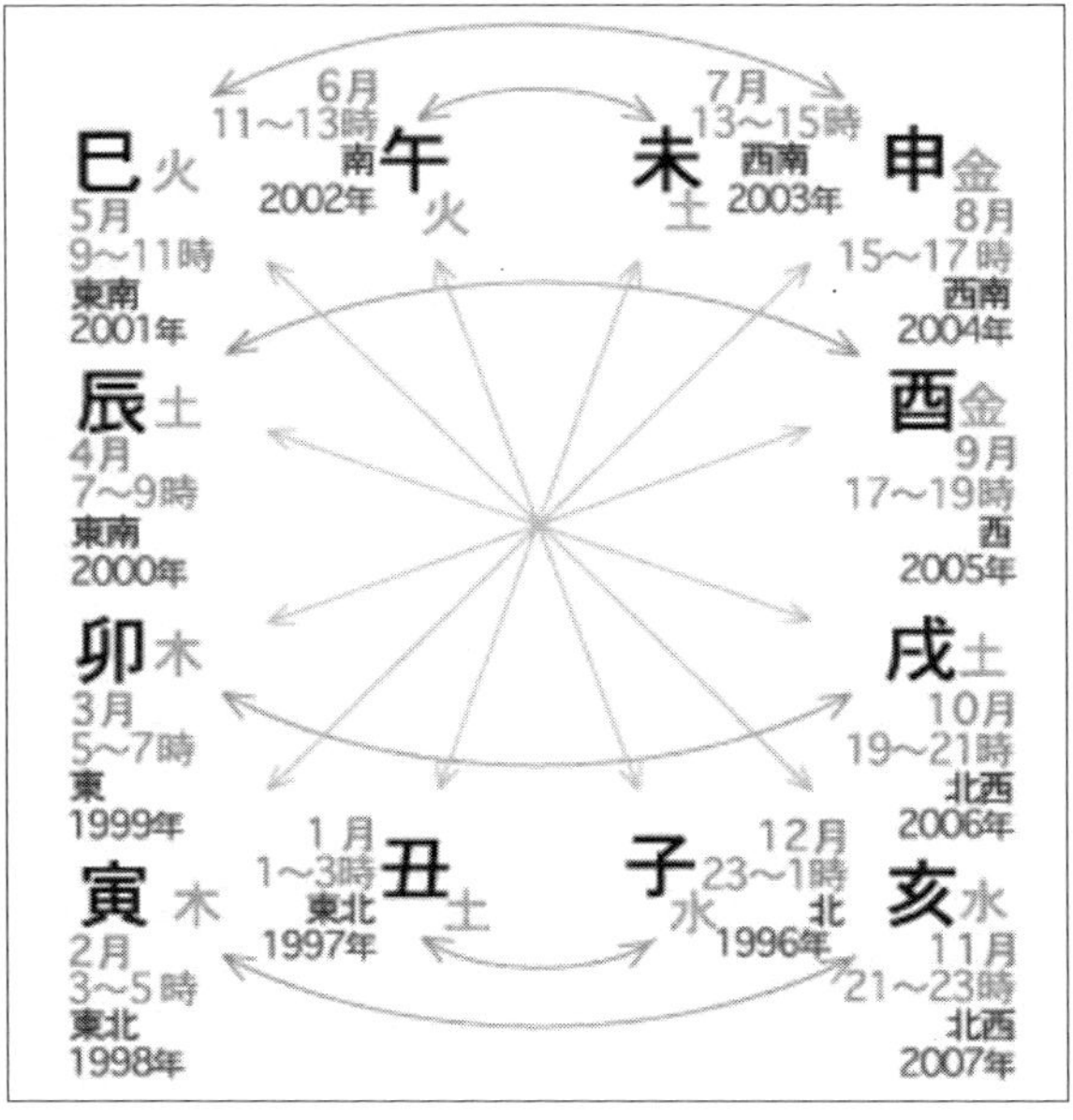
巳 火
5月
9～11時
東南
2001年
午 火
6月
11～13時
南
2002年
未 土
7月
13～15時
西南
2003年
申 金
8月
15～17時
西南
2004年
辰 土
4月
7～9時
東南
2000年
酉 金
9月
17～19時
西
2005年
卯 木
3月
5～7時
東
1999年
戌 土
10月
19～21時
北西
2006年
寅 木
2月
3～5時
東北
1998年
丑 土
1月
1～3時
東北
1997年
子 水
12月
23～1時
北
1996年
亥 水
11月
21～23時
北西
2007年

69 「不思議現象」と「占い」はシンクロする!?

生まれ変わりの村では、来世で生まれる家を選ぶことはできませんでした。すべて運命どおりという感じです。前世の行動による影響もありませんでした。私たちが生き方を変えたところで、何も評価されないのです。

モンロー研究所では「ヘミシンク」を使って体外離脱をしました。そこで得たことは「私は結果」でした。

この2つを見るかぎり、やはり運命は決まっているといえそうです。

しかし、孫さんの蘇生は運命どおりとは思えません。運命を変更しているとしか思えません。孫さんと六爻占術の共通点はないかと探したら、ありました。

「午前0時」というキーワードでした。

孫さんは私に次のようにいいました。

「私は毎晩0時に瞑想をやっています。その時間が最も効果的です」

六爻占術においても運命を変更するときにも「0時」は重要です。なぜなら運命を変更するために、置き物を配置する時間として最も効果的なのは、0時なのです。

事前に置き物を買っておいたとしても、運命改善の思いをこめて実際に設置するのは、0時がベストタイムなのです。でも残念ながら、その理由は不明確です。

0時は十二支でいうと「子《ね》の刻」に当たります。時間でいえば23時から1時を指し、0時で陰陽が交代します。

六爻占術では「子の刻は陰陽が交代する時間だから」とされていますが、陰陽が交代するのは何も子の刻に限ったわけではありません。どうして子の刻が最も効果的なのか、実は六爻占術の世界ではまだよくわかっていないのです。

ですが、不思議なのはネズミの爪の数です。前の爪は奇数（陽）で後ろの爪は偶数（陰）なのです。十二支は月にもあてはめられますが、子はちょうど12月から1月の年変わりにあたるのです。

「0時」を単なる偶然の一致として片づけるか、もしくは「意味ある偶然の一致（シンクロニシティ）」として扱うかは、今後の研究課題のひとつになります。

70 未来を予知する「コイン占い」とは？

トラさんから占いのことを初めて聞いてから、5年後のことです。

「森田さん、私も本を書きました」

そういって、トラさんはサイン入りの自著をプレゼントしてくれました。

「何の本ですか？」

と私……。

「易の本です」

その答えを聞いたとき、溜め息が出ました。私と一緒に不思議現象を解明しようとしている人が、とうとう占いにはまってしまった……そして本まで書いてしまった……。

超常現象のなかでも占いは、最もランクが下だと私は考えていました。

ですが、チベット密教では、時間は未来から過去に流れると解釈していました。

「未来が原因だとすれば、未来を変えないかぎり変わりませんね……」

トラさんは、

「はい、そのとおりです。私のやっている占いでは未来がわかり、未来を変えることができるのです。森田さんも例の占いをやってみますか？」

と聞くので、私はいいました。

「もしそうなら、ぜひやってみたいと思います。まず生年月日をいうのですか？」

「いいえ、コインを3枚、6回振るのです。表が出たか、裏が出たかで判断します」

そういってトラさんは、ごく普通の使い古された銅貨を3枚出して、私に手渡しました。しかし、結局、私には振ることができませんでした。不思議研究所をやっているとはいえ、これはあまりに非科学的すぎます。

子供のころに靴を放り上げて、明日の天気を占いました。それと同じです。コインの裏表と私の人生に、何の関係があるでしょうか。

しかしその後、中国での取材先のホテルにトラさんを訪ねて、占いの相談者が来るようになりました。

彼らは、真剣な面持ちでコインを振っています。

ここでも溜め息が出ました。だって、コインは重力の法則で落ちているだけでしょう？

しかも、相談者はトラさんにお金を払っています。

さらに、その次に中国に行ったとき、トラさんはいいました。

「今、株式講座をやっています」

それを聞いて、トラさんもまじめなことを始めたと感心しました。

「それはチャート（株価の値動きのグラフ）とかを使ってやるのですよね」

「いいえ、違います。コインを使います」

人生の占いならまだ許せます。当たるも八卦、当たらぬも八卦《け》だからです。しかし、株はお金がからんでいます。もしも失敗したら大変です。

ところがこのとき、トラさんは決定的な発言をしたのです。

「森田さん、株だけではありません。私はずいぶんと研究しました。今は密閉された器のなかに入っているものを当てることもできますよ。蓋はいつかは開くので、未来がわかれば、なかのものはわかるはずです」

たしかにそのとおりです。それはこの占いで「透視」ができるということです。透視なら、私が研究している不思議現象のひとつです。私は洗面所に行き、蓋のついた湯飲み茶碗のなかに懐中時計を入れて、トラさんの前に差し出しました。

ジャラジャラ、チャリーン。

ジャラジャラ、チャリーン。

トラさんは、リズミカルにコインを振ります。そして、紙に裏の目の出た数を記録していきます。

ジャラジャラ、チャリーン……。

6回振り終わると、簡単な計算を始めました。卦というものを出すのです。卦とは八卦からきています。そして卦を見ながら、おもむろにいいました。

「それは金属でできていて、丸いです。そして針が動いています。一番小さな針は、赤い色です」

当たりでした。湯飲み茶碗から出した懐中時計の秒針は、赤でした。

ダイレクトに「時計」という言葉は出ませんでしたが、これで十分です。

コインの裏表が、湯飲み茶碗を「透視」したのを見て放心状態の私に、トラさんはいいました。

「森田さんも勉強してみませんか？　日本語でテキストを書いてあげますよ」

日本に帰国し、1カ月ほどするとテキストが送られてきました。陰陽五行や十二支を使った占い方が書いてありました。

ざっと読んで、再び中国に行きました。２００１年の10月のことでした。今度は弟子入りするためです。

トラさんと出会ってから5年め、私はとうとう彼からコイン占いの神髄を習うことになったのです。

71　株式情報では評価の低い会社の株に私が全財産を賭けた理由

3日ほど説明を受けたときです。トラさんはいいました。

「森田さん、実際に株を占ってみませんか?」

「はい、やってみたいです。株なら上がるか下がるかですから、当たるか外れるかがすぐにわかります」

そこで、さっそく占いました。

最初はソニーです。使っているパソコンがソニー製なので、パソコンの前に行き、このメーカーの銘柄が上がるかどうか、心のなかで問いをもちました。

「ソニーの株が半年で上がるか?」

です。そしてコインを3枚、ジャラジャラと混ぜてテーブルの上に落としました。ちなみにコインは、どんなものを使ってもかまいません。

裏が2枚で、表が1枚です。

もしも上がると出れば、ソニーを買うつもりでいます。6回投げ終わると、テキストと照らし合わせながら判断を出します。

ソニーは上がるけど、それほど儲からないと出ました。

うーん、「買い」ではなさそうです。

このとき、ふと、自分が着ているトレーナーに目がいきました。私は通信販売が好きで、それは「ニッセン」という会社で買ったものでした。

占うと、すごく上がると出たのです。

私は興奮しながらトラさんに聞きました。

「ニッセンという会社の株がすごく上がると出ました。私の判断は正しいでしょうか?」

「はい、正しいです。とても上がります」

日本に帰ると、まずは証券会社に電話をして、パソコンからオンラインで売買できる手続きをとりました。投資家が利用する会社情報に関する本も買ってきました。しかし、それを見て、愕然としました。ニッセンのところに書いてあった評価は以下のとおりです。

【減収減益】単価値下りと冬物カタログ商戦に期待できず、下期は営業収支トントン。通期では上期利益に為替差益を上乗せ程度。単体繰損2億円は一掃だが無配(=配当なし)。

この株が「すごく上がる」のでしょうか? 10月18日、私はコイン占いを半分信じてニッセンを360円の指値《さしね》で1000株買いました。

さて、毎日ニッセンの株価を占ってみました。驚くべきは、コインの目が正確にニッセンの株価の情報を取ってくるのです。結果と違ったものは、12回で2回しかありません。そのうちの1回は、値動きなしの日でした。つまり、ちゃんと判断できれば90パーセント以上当たるのです。

さて、360円で買ったニッセンは、毎日下がりつづけました(笑)。たいして儲からないといったはずのソニーは、すでに2割の上昇をしていました。私はここで決心しました。もしもこのまま下がりつづけるのなら、この占いとは縁を切ろう、しかし、そこまでコインに勝負を賭けるのなら、私だってそれ相応のリスクをおかそうと思いました。提供するリスクは、私の全財産です。

私は、自分の会社を興して23年めですが、その間に3500万円ほどの貯金をつくりました。それをほぼ全額、ニッセンにつぎこもうと思ったのです。それでないと神を暴くことなどできないと思ったからです。

しかし、あとから妻に怒られることになります。貯金のなかには妻の名義のものもあったからです。

72 コイン占いで買った株の半年の儲けが1億500万円！

買いを入れているころ、ニッセンの株全体で一日数千株しか売り買いのない日がほとんどでした。私が2000株も買えば、それは30パーセントも占めてしまう日が続きました。

この「買い」が普通の常識ではありえないことは、株をやっている人が分析すればわかると思います。つまり、何も材料（上がるべき要因）がないのに毎日大量に買いつづけて

ニッセンのチャート

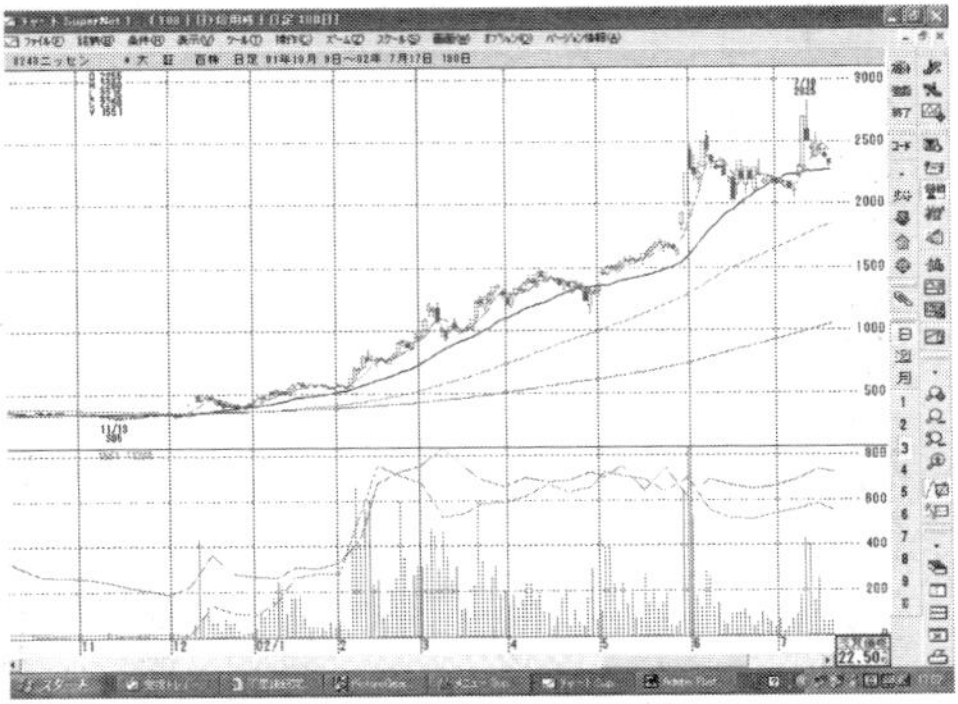

305円が半年で2825円になった

いるからです。この間、株価がしだいに下がっているのは、もう上がらないと思って見放して売る人が多いからでもあります。

このあとも、ずっと買いつづけていましたが、毎日買っても12月上旬までの1カ月半で7万5000株しか買えませんでした。ここまでで、私は約2500万円つぎこんでいました。

12月7日、その日はいつものように出勤していつものように仕事を始めました。そして株価をのぞきました。すると、ニッセンに値がついていません。415円で買いが139万株も入り、その値で売りたい株は2万8000株しかないので、朝から取引が成立していないのです。何かあったのかと思い、ニュースのページを見ました。するとこんな情報が出ていたのです。

◆ニッセンの十二月期、連結最終利益三十四億円　五期ぶり復配へ

『ニッセン(八二四八)は六日、二〇〇一年十二月期の連結最終利益が前期比五倍の三十四億円になる見通しだと発表した。従来予想は十五億円。前期にあった在庫の強制評価損などがなくなる。五期ぶりに復配し年十円配を予定している。連結売上高は一%増の千三百三十億円。客数増やインターネット経由の注文が約四倍の九十五億円に膨らんだ』

結局、株価は80円高の415円でストップ高(株価が急激に上がりすぎ証券取引所がストップをかけること)となりました。

そして占いの予測どおりに、半年後の5月末には2500円を突破したのでした。

結局、3500万円は、1億4000万円に化けました。

結果は、ニッセンが700パーセントアップして、ソニーは40パーセントアップしました。

つまり銘柄別にピンポイントで占える、というのが六爻占術の最大の特徴なのです。

73 不動産の入札にコイン占いを用いた結果は?

ある日のこと、飼い犬を連れて家の近所を散歩していると、100坪近い土地に売地という看板が出ていました。問い合わせてみると、そこは公共機関の社宅があった場所で、入札で販売するとのことでした。

私は将来、妻の両親と同居するために、今の狭い自宅を買い換える計画がありました。しかし、現在両親は安泰なので、あわてて買う必要はありません。ですから、その土地がふつうに販売に出されたら、買う気は起こりませんでした。しかし、入札と聞いて私の胸にワクワクとこみあげるものがあったのです。それは、「不動産の入札にもコイン占いは使えるだろうか、もしも使えるのなら検証してみたい」という気持ちでした。ニッセンで儲けたので資金もあります。

私の取引銀行の担当者は、２億１０００万円を超えないと落札は無理だろう、といいました。この地区の価格が、それくらいするのだそうです。しかし、入札に集まるのは不動産業者です。彼らはその土地を仕入れて、分割して建て売り住宅にします。ですから入札に入れる値段は、仕入れ値であるはずでした。

しかし、私には仕入れ値などわかりません。ここで登場するのは、やはりコインです。振ると、次のように出ました。

１億６０００万円…………買えない
１億７０００万円…………買えない

1億7500万円…………買えない
2億円…………………買える
1億9000万円…………買える
1億8000万円…………買える
1億7600万円…………買える

ボーダーラインは、1億7600万円前後だといえそうです。細かく占った結果、1億7600万1001円と出ました。

しかし、入札の当日、私は1億8000万円と書いた用紙と1億7600万1001円と書いた用紙を両方持って行きました。

入札会場で気が変わり、確実に落札しようと思ったときには1億8000万円を出すつもりでした。

入札の当日、ビルの一室にはスーツ姿の人たちが大勢いました。

10時になり、いよいよ開始です。責任者らしき人が挨拶しました。

「今日は25社に参加をいただいております。こちらが立ち会い弁護士の……」

その時点で、さっそく携帯電話で連絡を取る人も出てきました。上司に参加人数を報告して、金額の最終決定をうながしているようでした。携帯を切ると、鞄のなかから数枚の紙を取り出し、そのなかの１枚を封筒に入れていました。
彼らは、いったいいくらに決めたのか……。
私はこんな重要なことを、コイン３枚に託してよいのか……。
「では入札金額を書いた用紙をこのなかに入れてください」
責任者の言葉とともに、その彼は立ち上がり、入札箱のほうに歩きはじめました。
私は思いました。
「これで負けたら占いからは手を引こう」……と。
実は、この宣言は何度もしています（笑）。でも一度も裏切られたことはないのです。
私は、占いで出たとおりの紙を持ち、入札箱に向かいました。
入札箱は弁護士が開けて、なかの用紙を金額順に並べています。
「発表します。１億７６００万１０００１円で入札した森田健さんに落札しました」
その瞬間、後ろの席から、
「こちらの紙にすればよかった……」
という声が、溜め息とともに聞こえたのでした。
私は、たぶんわずかな差で勝ったのです。
しばらく席を立てませんでした。そして思いました。

「運命はあらかじめ決まっている。それを知ることは、なんてすごいことだろう……」

どんなに株の知識があろうとも、どんなに不動産の知識があろうとも、それらはすべて経験則であり、未来からの情報には勝てないのです。

その後、隣接する土地が不動産屋から売り出されました。そこも買ったのですが、45坪なのに1億3000万円したのです。片や入札だと100坪で1億7600万円です。4割も安く入札できたのです。

74 運命の「台本」はすでに決まっている!?

私の場合、株と入札があまりにも大きなできごとでしたが、事例としては日常的なこともたくさんあります。

東京地方に落雷が多かった時期のことです。外出運を占ったら、落雷はあるけれど、ギリギリで帰ることができる、という結果が出ました。たいした用事ではなかったので、出るのをやめようかと思いました。だって、落雷はあるのですから(笑)。

でも、占いの結果に興味があるので、予定変更せずに外出しました。

コトをすませた帰りのことです。私は小田急線に乗っていました。すると、強烈な稲妻が走り、直後に大きな音で落雷があったことを知らされました。

電車の車内の電気が消えました。モーターが停止したようです。電車は惰性で走っています(汗)。

ガンバレガンバレ……。

乗客の全員が、そう思っていたに違いないです。あと500メートルもすれば駅です。しかし、電車はユックリ、ユックリになってきました。

私はコインの判断を思い出しました。

「ギリギリで帰ることができる」

電車は、すでに自転車と同じくらいのスピードに落ちています。

ホームが見えてきました。そこに長い時間をかけてたどり着きます。

ブレーキは必要なかったようです。止まった場所が正確な停止位置でした(笑)。

そういう状態でも、ドアは電気で開きました。

アナウンスが流れました。

「落雷がありました。この車両は電気が回復するまで、この駅で停止します」

時空のどこかに台本があり、それに沿って動いているだけなのでしょうか?

考えてみれば、株価を当てるということですら、すごいことです。

株の売買には売り手と買い手がいます。彼らはひとりひとりが人間です。誰が、いついくらで売りに出し、誰がいついくらで買うか……。

アメリカの大統領がどういう発言をするか、ある企業でどういう悪い噂が出るか、これらのことが全部決まっていないと、株価は決まりません。それが90パーセントの確率で占えるということは、ほとんどのことが決まっていることになります。

裁判ですら、結果は決まっています。

裁判の例は、数多くあります。私は、「六爻占術による裁判の判断の仕方」というビデオまで作りました。どちらがどちらを訴えたか、言い分はどちらにあるか、最終的にはどちらが勝つか、はもちろんわかります。

そのあとがすごいです。賄賂を使って勝てるかどうかまで事前に判断できて、そのほとんどが当たります。民事訴訟で相手を訴えるときには私の作ったビデオを見て勉強し、勝てるときにだけ訴えればよいのです。

しかし、検事と弁護士がお互いに議論をぶつけてやり合い、裁判官が裁量を下すすべてが決まっているとすれば、彼らの自由はいったいどこにあるのでしょうか？　彼らは裁判のドラマを、決められた台本に沿って演じる俳優にすぎないのではないでしょうか。いえ、俳優のほうがよいかもしれません。アドリブを入れる可能性も残っているからです。

しかし、運命が決まっているという視点からすれば、俳優のほうがもっと悲惨です。演じるということを、演じさせられているからです。

芸術家は、さらに悲惨かもしれません。自己表現だといいながら、造った作品はあらかじめ決まっていたのです。創造性はどこにあるのでしょうか？

私たちは、決められた台本に沿って演技をしているだけでした。宇宙が誕生して１５０億年ものあいだ、台本は用意されていました。私たちは自由意志をもっていると思いましたが、それは見せかけでした。選択の余地はなかったようなのです。

75 運命の流れは自分では変えられないか！

地球は太陽のまわりを回っています。これを変えるのが「運命変更」なのです。つまり、不可能とされていることを変えるのです。

では、どうやったら地球の軌道を変えられるでしょうか？

地球に住んでいる人間が、いくら生き方を変えても、地球の軌道は変わりません。私たちは、今までずっと「これ」をやってきたのです。だから運命を変えることはできなかったのです。

ガリレオは、塔の上から重さの違う2つの物体を落としました。なぜそんな実験をしたのかといえば、重いほうが先に着地すると思われていたからです。

しかし、重い物と軽い物は、同時に落ちました。

カトリック教会は、この実験を否定しようとしました。信仰をもってももたなくても、あるいは、経験を積んでも積まなくても同じというたとえに使われたからです。

ところで、なぜ重い物と軽い物は同時に落ちるのでしょうか？　当時、この疑問に答えられる人はいませんでした。そこに登場するのがアインシュタインです。

アインシュタインは、すべての物体は「場」の流れのなかに浮かんだ船のようだと定義したのです。しかも船にエンジンはありません。ですから、船の行き先を変えるには、流れを変えるしかないのです。

これで地球の運動も説明したのです。

太陽系は「場」が湾曲しているというのです。平坦ではなく、大きな杯《さかずき》のように、中央が凹んでいるのです。そこにボールを投げこむと、グルグル回ります。中央が太陽です。摩擦がなければ永久に回ることもできます。

つまり地球は、轍《わだち》にはまった車のタイヤのように、そこしか通れないというわけです。

ですから、地球の軌道を変えるためには、場を変えなければならないのです。

これは運命の流れを説明していると思います。地球自身が内面をいくら変えても、軌道は変わりません。同じように、私たちの内面をいくら変えても運命の流れを変えることはできないのです。

では、地球の軌道を変えるにはどうすればよいでしょうか。地球の外側に何かの物体を置くことです。それで「場」が変形して、地球の軌道が変わるのです。

六爻占術の改善グッズは、それにあたるのです。

自分で運命を変えようとしても、ジタバタするだけで逆効果なことが多いのは、みなさん経験ずみだと思います。

76 色と数字と十二支がもつ「運命改善」の不思議なエネルギー

トラさんが体験した例のなかに、一度占いで出た死の予知を十二支の動物によってくつがえした例がありました。

ある女性がトラさんのところに占ってもらいに来ました。この女性は、前にも占いに来たことがあって、そのときの相談は、翌年に北京大学の入学試験に受かるかどうかというものでした。トラさんは四柱推命（生年月日よる占い）で占ったのですが、それによればお父さんに災いがあって死ぬ、という情報が出ていました。

その日の相談事は、大学の入試かお父さんのことか、とトラさんは聞きました。

「北京大学の入試はもう終わりましたが、その結果はまだわかりません。今日は父のことで来ました」

と彼女はいいました。そしてコインを振りました。トラさんの判断は次のようでした。

「お父さんへの災いは、最初道路からきました。頭や手、腰などのケガをしたでしょう。さらに頭と肝臓に病気があるでしょう。肝臓が硬化し腫瘍があります。北京大学に受かる件は問題ありません。しかし、今はお父さんが危なくて、大学へ行くよりもお父さんの世話をしたほうがいいです。合格の知らせが来ても入学の時期を延ばしてください。コインの情報には死亡の意味が出ていて、9月になると危ないです。お父さんを助けないと大学に受かったとしても、行けなくなってしまいます」

トラさんがそう告げると、彼女は、

「父は先日自転車で出かけたのですが、坂を下ったときブレーキがダメになり止まりませんでした。運悪く向こうから自動車が走ってきて、避けようと自転車の方向を変えたら大きな石にぶつかり、腕の骨がすべて砕けるほど骨折しました。お医者さんは腰から骨を取って腕の骨の接続をしたかったのですが、腰から骨を取ることがうまくできず、それが原因で半身不随になりました。脳の動脈硬化と肝臓硬化とが相まって腫瘍ができ、今とても危ない状態です。改善法はないでしょうか」

と聞きました。

「あるにはありますが、よく効くかどうか私も自信はありません。でも試してみる価値はあります」

とトラさんは答えました。

「はい、何でもします」

「では庭の北西の隅にウサギを飼ってください。数は8匹でないといけません。1匹多くても少なくてもダメです。ウサギには毛の色が茶色のもありますが、真っ白いほうが効果的でしょう。私の経験では動物を運命改善に使えば、動物はかわりに宇宙からの悪いエネルギーを受けて死んでしまうケースが多いです。そういうことが発生したら、今度は3匹のウサギを飼ってください。六爻占術のルールによれば、9月に注意してください。ウサギが死ぬと、すぐ新しいウサギを3匹飼ってください。そうすればお父さんは助かります」

彼女はトラさんの教えたとおりに、庭の隅に白いウサギを8匹飼いました。

1年後、トラさんは彼女にお父さんのことを聞いたら、9月にウサギが全部死に、すぐ新しいウサギを3匹飼い、今はウサギの子も生まれて11匹になっていて、お父さんのあらゆる病気は全快したとのことでした。

ウサギのおかげで自分の病気が治ったと思って、お父さんはウサギを飼うことに夢中になり、自分の給料を使って野菜を買い、ウサギにたくさん食べさせて、楽しんでいる毎日だそうです。

彼女は、無事に大学に通っています。

ウサギを8匹飼うことで難病から助かったとは、呪術の世界のようなことが六爻占術では実現するということです。

もちろん、すべての運命を、十二支などを使って変えることができるわけではありません。

すべての運命を変えることができれば、占い師は死ななくなってしまいます。

でも、六爻占術では変更できるときが圧倒的に多いです。それも奇想天外な方法で変更できます。

六爻占術は、どのように運命変更をするのか、何がキーポイントなのでしょうか。

ここで使われたのは『白いウサギが8匹』でした。

「白」と「ウサギ」と「8匹」とがキーになっています。

まず、エネルギーは「色」で存在します。なぜなら色は特定の五行をもつからです。白は金にあたりますが、五行では金は水を「生じる」、つまり助けます。

卦によれば「占う対象」はお父さんの健康運で、その五行は水でした。白を配置することはお父さんの健康運を「生じる」ことになるのです。

「ウサギ」というのは十二支からきています。十二支は月にも割りふられています。卯(兎)月は3月で酉(鳥)月は9月です。

お父さんは9月が危ないと出ました。それは酉月です。十二支を時計のように並べると卯は酉の反対側にきます。

お父さんの悪いエネルギーは酉月に集中していたので、反対側のエネルギーでそれを攻撃するのです。それが卯(兎)なのです。

十二支は、その対角線にある同士は攻撃し合うような性質があるのです。

逆に水平に位置する同士は、協力し合う関係があります。ですから、四柱推命などで恋愛運を占うときは、この関係を重要視します。

五行は対応する数字をもっています。1と6は水に、2と4は火に、3と8は木に、4と9は金に、5と10は土に対応されています。卯は木の五行をもつので8と3という数字になるのです。そして数字も色と同様にエネルギーをもちます。

8匹のウサギは対角線の反対側からお父さんの病気のもとを攻撃します。この結果、ウサギは悪いエネルギーと相打ちになって死んでしまいました。

しかし、もしもウサギがいなければ、お父さんのほうが悪いエネルギーの餌食になっていたのです。

このように病気というのは目に見えないエネルギーによって引き起こされていると解釈できるのです。

77 不合格だった大学に、なぜ入学できたのか?

一度落ちた大学に、朝5時に行ったら受かるといわれ、実際にそうなったとき、迷信だと一笑に付すことはできるでしょうか。そもそも「朝5時に行けば受かる」などという迷信すらも存在しないでしょう。それが実際に起こったのです。

大学に落ちた人の父親がトラさんのところに相談に来ました。その後の人生をどう生きればよいかを占ってもらうためです。

そしてコインを振ると……なんとそこには、

「明日の朝5時前に、お父さんであるあなたが息子の受けた大学に行きなさい。そうすれば受かります」

と出たのです。

お父さんはいいました。

「息子はもう大学に落ちたのです。朝5時前に行ってどうするのですか。行っても大学は閉まっていて誰もいやしませんよ」

トラさんはいいました。

「だってコインに出てしまったのです。朝5時とはいえ、毎日ではありません。明日、一日だけです。コインにだまされたと思って行ってください。私も興味があります」

彼は朝5時前に行きました。

すると、偶然に昔の同級生に会いました。

同級生は、いいました。

「なぜ、こんなところにいるんだい？」

彼は答えました。

「これこれしかじかで息子がここを落ちて、占い師に相談したら5時前に行けと……」

「息子さんが大学に落ちた？　そんなのお安い御用です。私はあれからここの教授になり、今は入学試験の責任者です。すぐ合格に変えてあげます。私はあなたに借りがありましたよ。それをお返しできれば私も嬉しいです。しかし、私は今日5時にここに来たのは出張するためです。5時でなければ会うこともできず、入学できるチャンスも、もうありませんでした。いったい何の占いですか？」

「コイン……です」

「えー、コイン!?」

というわけで、大学に入れたのです。

この人の息子は、現在無事大学を卒業して、安定した職にもついているそうです。

この例は、「時間」がエネルギーをもつというものです。

朝5時前というのは寅（虎）の刻です。丑三《うしみ》つ時《どき》といいますが、丑の刻《こく》のあとが寅の刻です。

大学に落ちた息子さんをもつ父親にとって、翌日の寅の刻が運命を変更できるエネルギーが存在していた時間なのです。そのエネルギーは、その時間にしか存在しないので5時以降に行っても無駄になるだけなのです。

そういうエネルギー・スポットの時間帯が存在することは、コインがすべて教えてくれます。

しかし、もしもこんなことが頻繁にあるとすれば、まじめに努力して受験する人の人生こそ何なのだろうと思いませんか？　ところが、一見悪いことに感じられる裏口入学も、中国では裏金の金額まで決まり、公表されています。それを見越しているかのように、コインには裏口から入学できる方法がキッチリと出ていたのです。しかも、タダで入れる方法が……。

78 外側に何かを置くことで「運命の流れ」が変わる!

運命が決まっているとすれば、自分に責任はありません。逆にいえば運命を変えることも、「自分」ではできないのです。外側に何かを置くことでしか運命を変えることはできないのです。

日本で六爻占術のテキストを買った人は、トラさんに相談できます。その人たちから続々とお便りが届いています。

最初は競馬を当てた人からです。

「トラさんにいわれたとおり、酉(鳥)の携帯ストラップをつけて競馬に行ったら、16万円の利益をあげることができました。ありがとうございます。月収が22万円くらいなので、16万円を1日で稼いでしまったのはすごいです」

料理店をやっている人からは、こんな相談が来ました。

「料理店を経営しています。以前は儲かっていたのですが、最近はお客さんが減って損をするようになりました」

トラさんは、

「亥（猪）の置き物を店の東南に置いてください。同時に寅（虎）の置き物を西に置いてください」

と回答しました。すると、

「改善グッズを店内に置いたところ、お客さんが増え、活況に復し、さらに以前より繁盛し、みんな喜んでおります。感謝いたします」

次は受験のケースです。

「いわれたとおり、白い紙に申（猿）という文字を4個書き、午後3時に息子の部屋の西南に貼りました。そして昨日、高校の合格発表がありました。私の息子は合格していました。息子の中学校からは2人しか合格しませんでした。息子は塾からも学校からも合格できないといわれていました。とてもうれしかったです。そして六爻占術を知ってから運命が決まっていると知りながらも変更できることに、改めて鳥肌が立つくらい感動しました」

夫婦関係に悩んでいた人もいました。

「いわれた改善法のとおり、寅（虎）の携帯ストラップを私の携帯につけました。そうし

携帯ストラップ

これをつけるだけで運命を好転できる

たら、妻の反応が変わってきました。以前のような喧嘩はなくなり、快適にお互い過ごせています。私自身は何も変わってないのに不思議です」

不動産取引の事例もあります。

「1年以上売れないビルなので諦めかけていました。いわれたとおりに東南に赤い紐を飾り、東北に亀の絵を貼りつけた日にビルを買いたいという人が初めて見にきたのです。その後、契約書にサインして現金が振り込まれました。ビルのなかを見ているときに、この赤い紐と亀の絵を発見し、風水ですか？　と聞かれました(笑)」

ダイエットに使った人もいます。

「いわれたとおりに青系(木の五行)の服に変えました。すると4・5キログラムやせました。トラさん、ありがとうございました」

県の立入検査を受けた人の事例です。

「私は廃棄物の処理場を経営していますが、先日、県庁から立入検査に来るという知らせがありました。1カ月ほど前にも立入検査があり、指導を受けたばかりで不安になりました」

トラさんの回答は、専門用語が入りますが、そのまま載せます。

「災いを意味する官鬼が発動しているので良くない結果が出ます。申（猿）の置き物を会社の事務室の東北に置いてください」

結果はこうでした。

「トラ先生のご指摘どおりに、申（猿）の置き物を置くことにしました。そして検査当日、予定どおりに県の職員が来ました。ふだんと違って、ほとんど話もせずに帰っていきました。半年ほどたって結果が出ましたが、特に問題はありませんでした。県の職員の態度などはいつもと違い、こちらが拍子抜けするほどでした。本当にありがとうございました」

いじめの悩みにも、対応できました。

「さっそく申（猿）と午（馬）の置き物を購入して、家に置きました。そのおかげか、娘は学校に行くようになりました。家でも笑顔が見られるようになりました。ほっとしております。本当にありがとうございます」

これらを読むと「やらせなんじゃないの?」という声も聞こえてきそうです。そう思われても仕方がありません。447人のサンプルのなかで、376人の運命が改善されたのですから……。しかも、お便りはすべて実名で来ています。しかし、そのなかで71人は改善されませんでした。それをトラさんが分析すると、大半は「置き物を早くはずしすぎた」という結果が出ました。置いたその日に効果が出る、と期待しすぎてしまうのです。

運命は手強いです。簡単に変わるのなら苦労はしません。

79 魚を飼うことで病弱な体質が改善される!?

ぬいぐるみで運命が変わった事例です。これも日本人からの手紙です。

「私が結婚をした直後、仕事が急に忙しくなり、体調を崩してしまいました。朝も起きられず、起きても背中に激痛が走り、仕事どころではありません。新婚早々だというのに、食事の支度もままならない状態でした。病院もいろいろな人から紹介され、3つの病院を回ったあげくにいわれたことは、『原因がよくわからないが、たぶんストレスからきていると思うので、ゆっくり休みなさい』でした。西洋医学では、ここまででした。

原因はストレスといわれても簡単に仕事を替えるわけにもいかず、ゆっくり休みなさいといわれても、たまる一方の仕事を考えると、余計に休めなくなってしまっていました。困り果てた末、コインを振ったら、やはり治るのは難しいと出ました。それでトラさんにその判断の添削をお願いしました。

判断は正しいとのお返事でしたが、そのあとに、なんと、解決方法まで書かれていたのです。『家の西南に黒い魚を6匹飼っていればよい』と。

ここでまた問題が出てきました。猫がいるのです。黒い魚6匹の運命のほうが心配です。そこでもう一度トラさんに聞くと『布で作った魚なら1匹でいいです。色は黒いものにしてください』という返事。

喜んで、さっそく布の魚を作りました。黒のTシャツとボタンを使ったかわいい魚ができました。製作時間10分。しかし、思いはこもっています。大切に部屋の西南に飾りました。

そして、驚いたことに飾った翌日から食欲も出て、会社を休むことがなくなりました。体調も改善され、苦しくて起きられないという日もなくなりました。『よかったね！』を越えて、家族じゅうで『うっそー！』を連呼しています。これは、運命を変えてもらったということですよね。六爻占術で病弱な体質まで改善できるなんて、これから先、鬼に金棒状態です」

この例は、生きた魚ではなくても、ぬいぐるみでもよいという例です。ただし古文書のなかには、ぬいぐるみという概念は記載されていないそうです。

当時は、すべていけにえで対応していたのです。それでも龍（十二支では辰）を配置する必要に迫られていたときは大変に困ったようで、代用の動物が使われたようです。

ぬいぐるみでもよいというのは、トラさんの数々の実験により証明されたのでした。

80 ユングが「コイン占い」に興味をもったのは、なぜ？

C・G・ユング（1875〜1961）という心理学者がいました。彼はシンクロニシティとか集合無意識とかいう概念を、最初に考え出した人です。

彼の親友だった宣教師が、キリスト教の普及のために中国に行き、そのとき持ち帰ったのが「コイン占い」でした。ユングはその占いに興味を示して、自分でも修得します。

『ユングと共時性（イラ・プロゴフ著／河合隼雄・河合幹雄訳）創元社』という本のなかには、ユングが占う場面が出てきます。

その抜粋を書かせてもらいますが、長いので私が適当に文章をカットしたり、つなげたりしました。ご容赦ください。

『ユングはいった。共時性とは単なる偶然を越えた何かを意味する時間、空間上の事象の符合である。二つの事象のうち一つは人の人生のそのときの状態である。もう一つはコインを投げてその結果としてコインのパターンが示す易のテキストを読む行為である。どちらの事象も、他への明らかな因果的影響を何らもっていない。それにもかかわらず、ほとんど常にその卦の内容は、その人の人生に神秘的に関連している。

実例として私（イラ・プロゴフ）が二十年前にスイスでユングとともに易をたてた経験をあげてみよう。

一九五三年六月のある日、私たちはチューリッヒ湖のほとりにある彼の家の庭に座っていた。そのとき彼は突然、

「あなたは易をたてたことがありますか？」

と私に尋ねた。

「いいえ」

と私は答えた。

「やってみたいですか？」

「ええ、ぜひ」

「それならやりましょう」

と彼はいった。

ユングはポケットのなかから使い古した小さな皮財布を引っぱり出した。そして三個のスイスの小銭を私に手渡した。そして彼は、

「投げるのはあなた自身でなければなりません」

といった。

私は三個のコインを投げる用意をした。ユングは私を止めて、

「待ちなさい。あなたはどのような問いをもっているのですか？」

私は何も問題を想像することができなかったというのが実情であった。私には空に一片の曇りもないように思われたのである。それでもなお問いは多数あった。

問いを設定したあと、私はコインを投げた。庭椅子に腰をかけたままユングは、コインが地面に止まるあいだ、地面のほうへと深くかがみ、注意深くコインを凝視していた。彼は裏表を見定めて勘定した。裏が二枚で表が一枚で、ユングはそれを破線で表わした。２回めは表２裏１で実線、３回目は３個とも表だったので陰線となった。

最後の一投が終わると、六画卦を記録した紙を私に渡した。

実線と破線を組み合わせて六画卦を形成する易経の方法は全部で64の異なった組み合わせを作ることができる。

易経はそれを信じない人々の場合でさえ、一貫して意味のある答を出す』

ユングがやっていたのは、六爻占術の前身で「周易」といわれるものです。それでもユングをとりこにするほど、当たったのです。

コインを投げて裏表が出ることと、未来のできごとは関係ないとするのが一般的な見方です。しかし、あまりに当たる占いの結果を見て、ユングはシンクロニシティという概念を生み出します。

それは、「意味ある偶然の一致現象を説明する非因果的関連の原理」と訳されました。しかし、この占いを始めたのが原因で、彼は学会から閉め出しをくらいます。

その後、返り咲くのは集合無意識という概念を生み出してからだといわれています。

ユングにとって、人が行動する基本パターンは無意識だと考えられました。でも、コインが未来のあらゆるできごとの情報を取ってくるとすれば、無意識は個人を超えていることになります。ここに気づいたユングは、無意識は集合体であり、全人類のその過去から未来までを含むすべての情報がある場所だと定義しました。

精神世界とか神秘世界でいう「アーカシックレコード」と似ています。

アーカシックレコードとは、あの世のどこかに、人類が始まって以来の全員のデータが記録されているといわれているものです。アカシャレコードとも呼ばれ、森羅万象がすべて記録されているので、ふとしたきっかけ（夢、催眠術など）でそれにアクセスして触れると、過去のできごとを追体験したり、未来を体験したりするなどといわれていますが、これも科学で証明されたわけではありません。

81 未来の「情報」を事前に得る「占い」と「六爻占術」の大きな違いとは？

さて集合無意識にしてもアーカシックレコードにしても、そこには「情報のデータバンク」という概念があります。

そういった情報のデータバンクにアクセスしているのが、一般的な占いだと思います。星占いも姓名判断も手相も四柱推命も、引っぱってくるのは情報です。

未来の情報を手にすることができると、生きていく方向をピンポイントで変えることができます。障害物があれば避けることができるし、宝のある場所がわかれば、そちらに行くことができます。

私がニッセンという株で儲けたのも、土地の入札に成功したのも、未来の情報を事前に得ることができたからです。

情報さえ手に入れることができれば、他の占いでも同様に儲けることができます。しかし、決まっていた運命それ自体の変更はどうでしょうか……。

ウサギ8匹で人の命を救うような占いがあるでしょうか?

朝5時に行けば大学に入れるような占いがあるでしょうか?

私もかなり研究しましたが、ここまでの運命を変更できる占いはありませんでした。「理由はなぜか」を考えてみました。それは他の占いには「情報」という要素はありますが、「エネルギー」という概念がないのだと思います。

情報を手にしたとき、方向転換するのは自分自身です。そして、生き方の変更を迫られます。だからこそ日本では、自分の生き方をアドバイスしてほしいがために占い師を訪れます。

ところが六爻占術では、生き方を問いません。むしろ自分の外側にあるもので運命の変更をします。

この考え方のなかには、私たちは外側の世界と一体であるという概念があります。だから、外側を変えれば私たちの運命も変わるのです。

情報だけで変えることをたとえていうなら、レーダーのついた船です。それは情報で操縦する船だからです。

昔、大西洋上でタイタニック号が氷山にぶつかって沈みました。あれは占いを知らない人の人生そのものだと思います。事故はいつ起こるかわかりません。目の前に氷山が現われたときは、ぶつかるしかないときが多いからです。

しかし、レーダーをつければ未来の行く手を知ることができ、障害物を事前に察知して避けることができます。

それだけですめば、六爻占術の出る幕は少ないです。他の占いでも、未来の情報を知ることができるからです。

しかし、海に大きな嵐が来たらどうでしょうか？

舵をどちらに切っても同じ状況のようなときです。もしくは、海面全体が氷山で埋め尽くされたときのような状況です。

運命にがんじがらめで、どん底の状態です。

北京大学の学生のお父さんは、半身不随で肝臓に腫瘍まででき、死を待つ状態となりました。まさに氷山で埋め尽くされた状況です。

息子さんが大学に落ちた父親も同様です。お父さんはすでに諦めて、今後を占いに来たのです。

ここに突破口をつくるのが「エネルギー」なのです。

たとえば、船からある種のレーザー砲のようなものを発射して厚い雲を狙います。雲に穴があき、狭間から太陽が顔を出して氷を溶かしはじめます。つまり、外界のエネルギーが変わります。

六爻占術には、このようなレーザー砲が装備されているようなものなのです。

人生ががんじがらめで出口がなくなったとき、それを突破口に向けて発射するのです。発射するレーザーの種類と突破口の位置は、コインが教えてくれるのです。

そしてレーザー砲は、私たちの身のまわりにあるもので簡単に作ることができるのです。魚のぬいぐるみのように……。

PART8

不思議現象——運命好転への扉を開け!

82 運命変更と「時間操作」の謎

孫さんは煮豆から芽を出したり、赤リンゴを青リンゴに戻したりしました。それはなぜできるのでしょうか。

時間が戻っていると思いませんか？

しかし、時間を戻すことは、不可能でしょう。

光速で飛べるロケットがあったとしましょう。そのロケットのなかでは、時間が経過しません。アインシュタインが、相対性理論で説明しているからです。ですから、歳をとらないまま未来に行くことができます。

しかし、これが限界です。時間の経過を限りなくゼロにすることはできますが、戻すことはできません。戻すには、光のスピードを超える必要があるからです。

アインシュタインの相対性理論では、光のスピードを超えると、方程式の√（ルート）のなかにある数字がマイナスになってしまうからです。

昔、学校の授業で聞いたことがあると思いますが、ルートのなかがマイナスになる数字を「虚数」といいました。虚数になるということは、実際の物理では存在しないことになります。

ここから私の仮説に入ります。

物理学は、この宇宙のルールを説明する学問です。しかし「この宇宙」をはずれたらどうでしょうか？

たとえば「気」は科学では測定できません。しかしトラさんには、孫さんの手から虹色のエネルギーが出ているのが見えます。

チベットの風（ルン）だって同様です。測定はできません。

それらは、もしかすると光のスピードを超えているかもしれません。

UFOが本当に存在するとして、シリウスあたりからやってくると仮定します。地球とシリウスは8・6光年離れています。だとすれば、往復17年もかけてやってくるでしょうか？　テレポーテーションを使っているとすれば、光のスピードを超えている可能性があります。

占いに使う陰陽五行だって、エネルギーだといわれながらも、まだ測定できていません。

それだって、光のスピードを超えている可能性も否定できません。

そうだとすれば、因果関係が逆転する現象が起こりうると思います。

しかし測定ができないので、これ以上なんともいいようがありませんが……。

83 運命の「ハンドル」を切れるのは「天」のみ？

運命は決まっているようです。だとすれば、私という車にハンドルがついていないのと同じです。

幼稚園のころ、初めて遊園地に行ったときのことです。ミニチュアの電車があり、一番前の席が空いていました。両親はそこに乗せようとしました。でも私は泣きました。だって一番前の席はゾウさんの形をしていて、そこに丸いハンドルがついていたからです。

おかしいなと思いませんか？

見れば線路はクネクネしています。そこをハンドル操作で切り抜けることなど、幼稚園生の私には無理でしょう。後ろには10人以上のお客が乗っています。脱線して怪我をさせたら大変です。

しかし、両親はそこに乗せてしまいました。

私はハンドルを握りしめました。

電車がスタートしました。線路に沿って一生懸命にハンドルを回します。まわりの風景を見るどころではありません。

笑い話のようですが、これが人類のほとんどがやっている風景だと思います。運命が決まっているのに一生懸命にハンドルを切ろうとするのです。

子供心にも、

「なんか変だ」

と思いました。そしてハンドルを手放してみました。

すると電車は自動的に曲がっていきました。当たり前です。線路があるのですから……。

ハンドルを放すと、まわりの景色を楽しめるようになりました。

個人でハンドルを切ることはできないのです。ハンドルを切れるのは「天」のみです。

でも、大事なことがあります。私たちは天に対して指示を出せるのです。運命を変更しろと……。

84 コインの目そのものの判断より重要な「外応《がいおう》」とは？

トラさんは、次のようにいっています。

「六爻占術の考えによれば、宇宙のなかのすべてのもののあいだには、お互いにつながりがあり、独立したものの存在はありません。

上手にお互いのつながりを見抜いて宇宙の本質を解明できれば、占いの達人になれます。

六爻占術は、宇宙のなかのすべての物事と交信できて、私たちの知りたいことの答えを示してくれますが、六爻占術への理解や解明の深さによって取り入れる情報量が違います。

ですから、占い師といってもレベルの差があり、占いの微妙なところの把握に個人的な違いがあります。

もし、六爻占術の世界観をよく理解できれば、コインの目からだけではなく、それ以外の物事からも情報を解読でき、外部から答えを求めて判断の参考にできます。

つまり、ひとつの物事の発生は、それにかかわった対応情報や相対反応が必ずあり、いろいろの形で現われるということです。

たとえば、１羽の雀の鳴き声とか、突然ペンを床に落としたこととかは、ある人の夫婦の縁、あるいはある国の大統領の選挙、あるいはある株の変化と内在的なかかわりがあるかもしれません。

こういう物事の発生に対して、普通の目で見れば、まったく関連性のない対応反応が、占いの言葉では「外応」と呼ばれて、よく占いの判断に使われています。

上手な占い師なら、直接身のまわりにある物事の動きなどを情報源として、相談者の質問に答えます。

六爻占術の判断をするとき、こういう手段をも情報の一部として使えば、的中率はもっと高くなります。

病気の判断をしたとき、突然遠くから笑い声が聞こえてきたら、吉の情報として重い病気でも治ると判断するとか、泣き声が聞こえたら危ないと判断するのです」

六爻占術とは、コインだけの世界ではないのです。コインの情報に加えて、まわりの状況を取り入れるのです。ユングのいっているシンクロニシティ（意味ある偶然の一致）と同じです。しかし、六爻占術で起こる「外応」では、「偶然」を通り越していると思います。なぜなら、コインそのものの判断よりも当たるし、まるで「必然」のようにそれは起こるからです。

ところが理論ではわかっていても、実際の例に遭遇すると戸惑います。SF映画には、頭のなかの世界と現実世界が、お互いにラップするものがありますが、まさにそれが起こるのです。

85「めざす」から「あるがまま」へ――「自由への扉」が開く！

「なること」とは「ああなることをめざす」という意味で、希望や願望を表わします。

「あること」とは「あるがままのこと」です。

自由に生きている人は、夢や希望が大きく、それに邁進している人のイメージがあります。

しかし、夢や希望に生きている人は、本当に自由でしょうか？

今日は、近所のマッサージ屋さんに行きました。マッサージ師は、私に聞きます。

「森田さんは何をやっているのですか？」

「不思議研究所というのをやっています」

これこれしかじかと説明しました。

「で、次の中国調査はいつ出かけるのですか？」

「決まっていません。私の手帳はほとんど白紙です」

「えー、うらやましい。会社には行かないんですか？」

「1週間に1度くらい行きます」

「どうりで筋肉がこっていないはずだ。マッサージに来る必要なんて、ないじゃないですか」

「運動が嫌いだからです。強制的にもんでもらわないと筋肉が動くチャンスを失うので」

「仕事をしていない人に、運動がわりのマッサージなんて初めてです」

「なので、きつくやってください」

「はい、では」

「いてて！」

というわけです。

私は40代からこのような生活に入っています。まるで隠居生活です。しかし、いつでも自由に出かけることができます。

若いころは、そうではありませんでした。やはり、夢や希望に向かって生きていました。そのときには、なぜかこういう自由はありませんでした。

徒競走にたとえれば、夢や希望に向かっている人は走りはじめています。ゴールに向かって……。

私はスタートラインにいます。

ゴールに向かっている人が、自由だと感じるでしょうか？　しかし、その人はゴール以外の道に向かうことができません。

スタートラインにいる人は、３６０度、どこにでも行けます。

「とはいったって、どこにも行けないじゃないですか？」

という反論がありそうです。

でも、時間は未来から流れてきます。止まっていたって向こうからやってくるのです。

86 自分を肯定し、すべてを手放したらどうなる？

あなたは自分のなかで、嫌いな部分はありますか？

ありますよね……。

では、それを直そうとしていませんか？

私も欠点ばかりが目についていました。

小中学校では、オッチョコチョイだといわれていました。試験でケアレスミスばかりするのです。通信簿にもそれは書かれました。

「森田君はオッチョコチョイです。来期はそれを直すことを目標にしましょう」

それは、毎回書かれました。つまり直らないのです。

人間は、意識すればするほど、悪い部分が出るようです。それは、大学に入り、性格評価を書かれなくなったら、自動的に直ってしまったからです。

道教では「タオの教え」があり、すべては天が決めているといいます。

生まれ変わりの村では、肉体が性格を決めているといわれました。

チベットでは、「ゾクチェンの教え」というのがありました。人はあるがままで完璧だといっていました。

自分を肯定することです。

それはなぜかといえば、あなたは流れのなかにいて、流れの一部分であり、今のあなたになることは、宇宙が誕生したときから決まっていた可能性があるからです。

前世とは、ほとんど関係ないと思います。そんな短いスパンで決まるものではありません。あなたが前世で悪いことをしようが、それすら宇宙の誕生から決まっていたからだと思います。

宇宙の誕生から、今のあなたが存在することは決まっていたとすれば、他の誰でもないあなたが、別のあなたになる必要などあるでしょうか？

それどころか、今の自分を肯定することが、流れに乗ることになるのです。

あれを変えれば……これを変えれば……と思うと、その点にばかり目がいきます。

しかし、肯定するということは、そこから別のところ、すなわち外の世界に目がいきます。

あなたの体にも、欠点はいろいろあるはずです。それをひとつひとつ認めてあげてください。宇宙の誕生から決まっていた体なのですから。

同様に、あなたの性格にも欠点はあるはずです。それを全部認めてあげてください。欠点すら決まっていたことなのです。宇宙が決めてくれた欠点は、本当は欠点などではないはずなのです。

この肉体をもち、この性格をもったあなたは、世界にひとりしかいません。

87 決まった運命を変更する、新しい時代に入った!

運命は決まっているといいました。

それで納得しますか?

一方では大金持ちがいて、また一方では美人でモテモテがいて、また一方では芸術的才能豊かなヤツがいて……。

そしてその逆の人がいて(笑)。

江戸時代は士農工商があり、生まれながらに身分は決まっていました。それを明治維新で壊し、誰でもが職業を選べるようになりました。

現代は学歴社会だといいながらも、努力をすればいい大学に行くことも可能です。そして、いい会社にも行けます。努力しだいで……。

運命変更全体平均

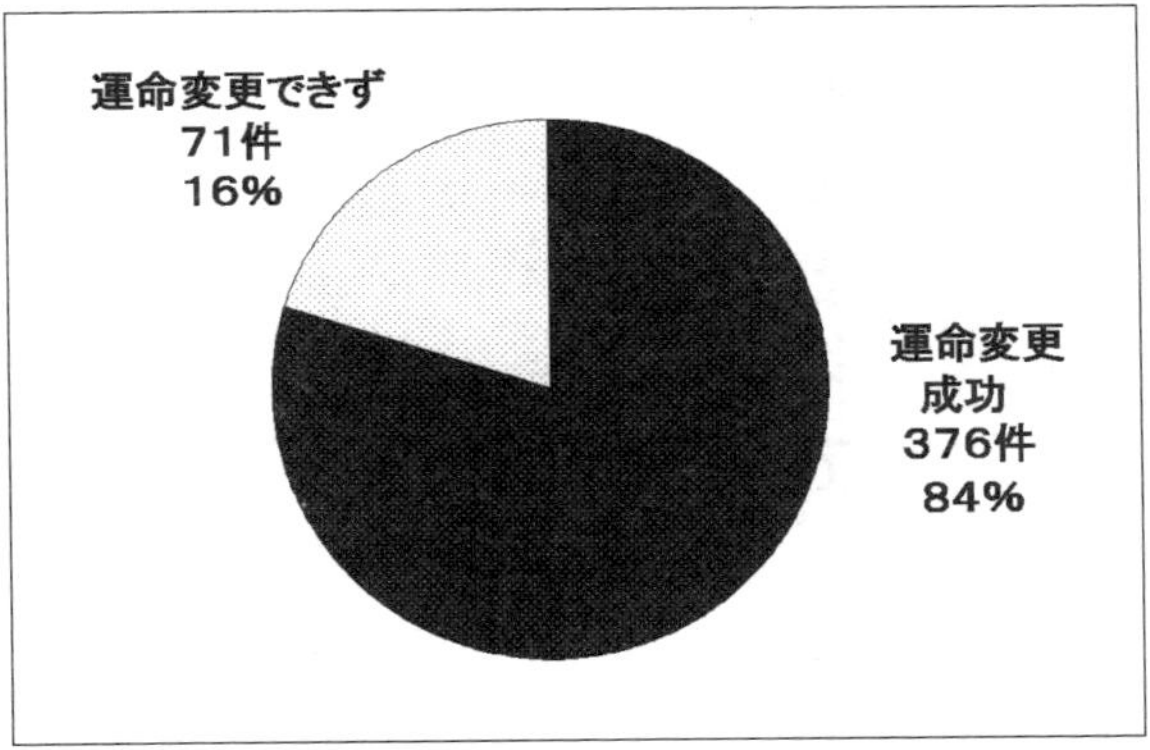

すべて未来を決定するのは「私」でした。

しかし……。

運命は決まっていたのです。

でも、トラさんはいいました。

「決まっていますが、変えることもできます」

すでに書いたように、日本で六爻占術のテキストを買った人は、トラさんに相談できます。そして、相談後に結果を報告してきてくれた人たちがいます。そのなかで、「このままだとうまくいきません」といわれた人は447人いました。

この人たちは、運命を変更する方法も教えてもらいました。結果、376人が運命変更できたと報告してきました。運命変更成功率は、84パーセントです。

みんな多くの悩みがありました。金運、健

康、受験、妊娠などなど……。

その8割以上の運命が変更されたのです。とても多いと思います。

運命というのは、変更されるのを待っていると思いました。

そりゃあそうです。人間には意識があります。なのに、「運命のままだよ」といわれて「はい、そうですか」と納得して引き下がれません。

「自分が原因」だと思い、夢や希望に向かってきましたが、そういう人は、みんな運命のままだったのです。しかし、「私は結果」を受け入れて、自分の運命を知った者が初めて「変更」に挑戦できるのです。

人類は新しい時代に入ったと思います。

決まった運命を変更するという時代に。

88 経験則だけでは「運命」は変えられない！

私には株の知識もありませんでした。それなのに、半年で8倍の高騰をする銘柄を事前に知りました。

ニッセンの内部情報に精通していれば別です。しかし、そんなものもなく、会社情報には減収減益と書かれた銘柄に、全財産を賭けました。

私が経験則に従っていれば、これは起こりませんでした。

それで儲けたお金で、近所の土地の入札に臨みます。私には、不動産入札の知識すらありません。素人は、不動産屋から買うものと相場は決まっています。

そういう経験則に従っていれば、４割も安く土地を手に入れることはできませんでした。

大学に合格した人も同様です。朝５時に行けと命じられたお父さんはいいました。

「そんなことをしても無駄ですよ。５時に行ったって、学校には誰もいませんよ」

トラさんは、

「私もそう思います。しかし、未来からの情報は、行けといっています。私もこの結果を知りたいです。明日一日でよいのです。ぜひ行ってみてください」

経験則では、どう考えたってバカなことです。でも息子さんの不合格は、合格に変わりました。

私の親戚夫婦もそうです。実は離婚まで考えていました。未（羊）の携帯ストラップで子供ができたら、誰も苦労はしません。

でも、奇跡は起こりました。

そうです。運命を変える現場に遭遇するのは、奇跡に出会うのと似ています。

親戚夫婦の親は、赤ちゃんができたとき、未（羊）の携帯ストラップに向かって手を合わせてお礼をいったそうです。未（羊）さんが神に見えたそうです（笑）。

日本での病気の例ですが、実際にあった話なので載せます。次の手紙が来たのです。

「病院で父がC型肝炎にかかっているといわれました。母がとても驚いて、仕事中の私に電話をかけてきて、

『どうしよう、治らない病気なんだよね』

というので、心配に思い、コインを振りました。

トラさんの回答は、

『改善するには、魚のオモチャや工芸品を台所の東北に置いてください』

でした。さっそく、釣具屋さんで魚のオモチャを買って、台所の東北に置きました。そして、今日病院で父が再検査を受けてきました。すると、前回の健康診断で＋（プラス）だったものが、－（マイナス）になっている、といわれたそうです。

母も一緒に行ったのですが、あまりに不思議なので、初めに受けた検査が17万円もする最先端の検査だったのに、こうも結果が違うのはどうしてでしょうか？　おかしくはないですか？　とお医者さんに聞いたそうです。

父は、なんだか不思議だけど、とにかく心配なくなったので大喜びです。母は、病院の

いっていることは筋が通っていない気がするし、不思議でしょうがないけど、あのお魚のせいかしら……といっています。

私は、弟の結婚も六爻占術で改善してもらったので、きっと大丈夫だと思っていました。でも、こんなに早く治ってしまって、すごくびっくりしました」

以上です。

魚のオモチャで、C型肝炎が治るでしょうか？

経験則では考えられません。しかし、実際に起こったことなので、そうだとしかいえません。

89 自然界とネットワークでつながることで自由な世界へ！

次は、コインの目だけでなく、自然現象も関係して病気が治った中国での例です。

ある人が、トラさんのところに息子さんの病気を占いに来ました。コインを振り、判断を出しました。

『息子さんは、外出できずに家で寝たきりで、飲食も無理。すでに昏睡状態になっていて危ない』

コインの目に、よくない情報が出てしまいました。それを察知したのか、親はとても悲しい顔になりました。それを見て、判断の結果をいいだす勇気がなく、トラさんは迷っていました。

そのとき、突然、窓の外に夕立が降りだしたのです。

コインの卦を見れば、息子さんの五行は「木」です。雨は「水」で、水は木を生じるので、トラさんはとっさに判断していいました。

「息子さんの病気は意外な方法で治るでしょう」

その1カ月後、医学に通じた行脚僧が、偶然に家の前を通りました。呼び止め、息子さんの病気を治してもらい、その結果、息子さんは健康になりました。

私はこの話を聞いたとき、ちょっと信じられませんでした。コインは親が振るので、そこにお子さんの情報が乗るのは、六爻占術を始めた人なら納得できます。

しかし、雨は偶然に降ってきただけでしょう？　卦《け》に息子さんの五行が木だと出ていたとしても、夕立が「占う対象」を「生じる」わけはありません。コインの結果を「卦」ということは、すでに書きましたが、卦のなかの世界と現実の世界がリンクするはずはないでしょう？

「マトリクス」という映画があります。脳に電極をつけて、仮想空間で戦うのですが、仮想空間でダメージを受けると、肉体のほうもダメージを受けるという内容でした。これと似ています。卦は、そのときの現実とは切り離して存在しているはずです。

　そのときの卦では、どう判断してもお子さんは助かる運命にはありませんでした。しかし、夕立を「水」の五行として判断に加えれば、生死が逆転するのです。

　実際の結果は、夕立という要素を入れた判断のほうになりました。つまり、お子さんは助かったのです。ということは、コインだけではなく、周囲の情報をも取り入れないとだめだということです。

　これが本書の84でふれた、外応の実際です。

　夕立には意志はなく、自然現象として雨は、勝手に降るだけです。しかし、それを見逃したら、お子さんは助からなかったのです。

　どうも自然界は「生きている」ようです。だから、自然界とネットワークでつながれば、自由な世界に入っていけるようなのです。

90 「幸せ」とは「ネットワークにつながっていること」

幸せとは？　不幸とは？

あなたは世界と切り離されて、たったひとりだと思っていたでしょうか。とんでもありません。まったくその逆なのです。

私たちは、まるで歯車のように、ガッシリと絡み合っていたのです。この本を手にすることも、宇宙の始まりから決まっていたはずです。あなたが出会うどんな人も、決まっていたのです。

私は中国に新聞広告を出して、不思議現象を体験した人を募集しました。それを見て、トラさんが現われたことは、すでに書きました。トラさんは、私からドアを閉められても、翌日また現われました。

それはトラさんが知っていたからです。すでにコインを振っていたのです。日本人との関係が始まることを……。

知らないのは、私だけだったのです。

さて、自分自身の過去のことを振り返ってみます。私も幸せでなかった時期がありました。それは16歳までです。生まれてから16歳になるまで、私は幸せを感じたことがなかったのです。もちろん、外から見れば幸せな子供だったと思います。先生のいうことはよく聞き、学級委員をやり、成績はオール5でした。でも、今から思い出しても、あの時期にだけは帰りたくありません。

しかし、17歳を過ぎてから、今度は不幸を感じたことがありません。この差は何なのでしょうか。

ここで、もう一度、六爻占術に話は飛びます。

六爻占術の発見者のトラさんが、

「お金が儲かりますが、幸せにはなれません。幸せになりたければ、貧乏のままでいることです」……というような判断をいうのを聞いたことがありません。

こういわれれば、お金を取るか、幸せを取るか、悩む人は多いはずです。でも、そういう事例はありません。

ということは、六爻占術から判断すれば、「幸せ」は運命には載ってないのです。それなのに、この世に幸せというファクターがあるのは、どうしてなのでしょうか？

「心のもち方で幸せにもなれるし、不幸にもなれる」とでもいうのでしょうか？

これは、「私は原因」の考え方です。でもやはり、私とはネットワークの節目であり、「私は結果」のはずです。

幸せと不幸せは、いったい何が違うのか……。

幸せとは、ネットワークにつながっていること。

不幸とは、ネットワークが切れていること。

こうではないかと思います。

私が16歳まで幸せを感じられなかったのは、ネットワークから切れていたのだと思います。そして、根源的な問いが、私をネットワークにつなげたのです。だから17歳から幸せになってしまったのです。

道に咲いている草花を見て幸せだと感じるのは、その草花と私がネットワーク上でつながったからではないでしょうか……。

さて、ネットワークのつながった先から、不幸はやってこないのでしょうか？ こないというのが、私の考えです。不幸というのは、「私が原因」という意識のなせる技だと思います。

「内側」を変えようとして発生してしまうのが、不幸なのです。内側を見れば、外の世界とのネットワークが切れるからです。内側を見るということは、心のハンドルを握りしめることです。つまり、不幸はハンドルを握ることによって生じる、というのが私の仮説です。ハンドルを手放した状態に、不幸はないと思います。それはつまり、ネットワークにつながったからです。

91 自分を変えることでは「運命」は変えられない！

自分を変えることによって、運命は変わると思っている人は多いはずです。そういう考え方を、私は「私は原因説」と名づけました。

子供のころからの教育も、すべて「私は原因説」で行なわれてきました。宿題をよく忘れる子は、しかられ、立たされて、そういう欠点を直しなさいといわれました。でも、いくら欠点を直そうと思っても、やはり「三つ子の魂百まで」です。同じ過ちを繰り返すので、「お前は学習ってものを知らないのか」といわれて、さらに落ちこみました。そしてダメな人間にはダメな未来しかない、と思わされてきました。

ところが、まったく逆だったのです。

たとえば、自分に欠点があり、それが原因で不幸を手にしてしまうとすれば、欠点を直せば幸福はやってくるはずです。

でも、幸福はやってきません。なぜなら、欠点と幸福は無関係だからです。それどころか、欠点を直そうとすれば、幸福はもっと遠ざかるはずです。

本当の幸福とは、今の自分を認めるところからしか来ないからです。

いのです。

だから、宿題をよく忘れる子に、欠点を直せと迫っても、そこからは何の変化も望めないのです。

その理由は「私は原因」ではなく、「私は結果」だからです。私は、私以外のありとあらゆるできごとの結果として存在しています。まずそのことを知るべきなのです。

私やあなたがもつ欠点はおろか、今の性格をもって誕生したのにも、私やあなたに原因はありません。ましてや、過去世の行ないにも原因はありません。

「私」は物事の「原因」ではなく、「私」は物事の「結果」としてしか、生きて動いてはいないのです。頑張って今を変えることも、まして幸福を引き寄せることもできません。なぜなら、すべてが運命で決まっていたのですから。

私の責任も、主体性も、社会での約束のなかでの言葉以上になりません。

自分のことに対して、何を思い悩んでも運命はよくなりません。悩めば悩むほど、その悩みで苦しくなるだけです。

また、自分を成長させるという考え方も不要です。成長という言葉のなかには、今の自分を否定する気持ちがあります。

「私は結果」を受け入れれば、自己成長もしないでよいのです。今のあなたをそのまま認めればよいし、それしかできないのです。

そうすれば、外とのつながりが、見えてきます。外とのつながり、これが「運命」というものです。

そして、運命が決まっていたことに気がつくこと、これが本当の幸せを呼び寄せてくれるのです。

92 「金運、財運」を開く方法は？

金運を開く方法は、金運がよい人と仲よくなることです。しかし、六爻占術を使えば、何がアイテムかも出てくるのです。

ある30歳に近い女性が、トラさんのところに占いに来ました。彼女は商売をしていますが、経営がうまくいっていません。六爻占術での対策を求めるつもりでした。コインを振った結果を見て、トラさんはいいました。

「赤い頭巾をかぶることです。あなたと一緒にビジネスをやる人は、あなたよりも金運がよいです。コインによって出た卦の名前は、澤雷随《タクライズイ》といって、他人に従って金運がよくなる情報があり、赤い頭巾をかぶるのは、他人から金運を借りるためです。赤い頭巾をかぶると、その人の金運に同調して、自分の金運も上がるようになります。東南に行けば、もっと金運がよくなります」

　彼女はいいました。

「私と同じような商売をしている友達がいます。彼女は金運がとてもいいです。彼女は河南省（東南）へ商売に行く予定で、一緒に行くように私を誘ったのですが、私は占いの結果を聞いてからにしようと思いました。でも、いわれたことを実行してみます」

　彼女は、トラさんの提言を聞いて、赤い頭巾をかぶって河南省に行きました。2カ月後、5月に入ってから彼女から電話が入りました。

「河南省の鄭州にいます。今、金運がとても上がりました。気温がだんだん暑くなったので、頭巾をかぶりつづけるのが大変になりました。まだ取らないほうがよいでしょうか？」

　トラさんは、答えました。

「友達の金運は、あなたの金運も上げてくれました。頭巾はもうかぶらなくてもいいですが、エネルギーを安定させるためには、枕の下に置いてください」

……と。

　これを読んだあなたが、赤いずきんをかぶっても金運は上がらないと思います。コインを振るのは、何色の頭巾がよいかを出すためなのです。

93「恋愛運」を高めるためには？

日本で六爻占術をやっている女性が、トラさんに相談しました。

「彼氏がいません。どうすればよいでしょうか？」

トラさんは、回答しました。

「寝室の東南に辰（龍）の黄色い置き物を設置してください」

彼女から報告がありました。

「いわれたとおりにやったら、彼氏ができて、突然プロポーズされました。そして入籍もすませました。あまりの展開に、ビックリしています。ありがとうございました」

しかし、意外に低いのが、異性運の運命変更率です。おそらく人の心を動かすのは、六爻占術にとっても大変だからだと思います。

それでも76パーセントの人は成功していますので、一般的には低いとはいいきれない数字だと思います。

さて、成功者のうちの7割は女性です。恋愛においては、女性は受け身の立場にあることが多いからだと思います。そんなとき、六爻占術の運命変更は、相手にまったく気づかれずに行なうことができます。

たとえば、携帯ストラップに小さなミッキーマウスをつけることだったりもします。今回は、辰（龍）の置き物でした。それが、彼の心を大きく動かしてしまうのですから、不思議です。

94「結婚運」を高めるためには？

トラさんのところに、女性が相談に来ました。トラさんは卦を見て答えました。

「あなたは離婚したでしょう。しかし、今家には男性がいる情報です。結婚届けなしに同棲しているでしょう。今同棲している男性は、同時に別の女性ともつきあっているでしょう。別のつきあっている女性は、みだらな女性です。男性はこの女性が気に入って、あなたの家には帰りたくないでしょう」

以上のことを判断したら、彼女はいいました。

「自分は1997年に夫と離婚しました。今、子供と生活しています。去年からある男性と知り合いになって、同棲するようになりました。

その男性は、奥さんをもっていますが、奥さんはみだらな人で、あまり家に帰らないで売春しています。しかし、今年の4月から私と同棲していた男性が、突然来なくなりました。メールを送っても返事をくれません。電話をかけても、こちらの声だとわかると、電話をすぐ切ってしまいます。私は彼が大好きです。どうしても六爻占術で改善してもらいたいのです。何でもします」

トラさんは、いいました。

「ベッドの下に、木で作ったウサギを朝の6時に3個置いてください」

彼女はまじめな人で、大工さんを呼んで木製のウサギを3個作ってもらいました。朝、木製のウサギをベッドの下に置くと、疎遠になっていたその男性が、その日の午後、突然彼女の家に現われました。そして、今は売春をしている奥さんと離婚し、彼女と幸せに暮らしています。

私が中国に行ったとき、大勢の相談者が来ました。トラさんは、私にいいました。

「森田さんも手伝ってください。この女性は、お見合いを成功させたいのだそうです。森田さんの実力なら、できますよ。判断結果は、私も見てあげますから」

それで私も手伝うことにしたのです。

彼女は、私の前でコインを振りました。それを見て、判断しました。

「見合いの相手はお金持ちですね」

「はい、そうです。よくわかりますね」

「その男性はだいぶ年上です」

「そうです。でも、そういう人がタイプです。で、どうすればよいですか？」

「お見合いの日に、緑か水色の洋服を着て行ってください」

「水色ですか……。黒が好きなので黒はたくさん持っていますが、緑や水色はあったかな」

「黒では逆効果です。見合いはうまくいきません」

チラチラ見ていたトラさんもいいました。

「この日本人のいったことは正しいです。ぜひ、いわれた色にしてください」

あとから聞いた話では、この人は緑のワンピースを買い、見合いに行ったそうです。そして今は、その人と幸せに暮らしているそうです。

95 「健康運」を上げるためには？

私の親戚の話です。奥さんが電話してきました。

「会社の人間ドックで、夫が癌だといわれたのです。そして、再検査をしてもそうでした。すぐに入院して抗癌剤の治療を始めないといけないそうです」

言い終わったとき、電話の向こうで泣いていいました。

私は、彼女にコインを振ってもらいました。

卦を見れば、癌の情報は出ていません。私はいいました。

「別の病院で精密検査をしてもらってください」

いわれたとおり、別の病院でもっと詳しい検査をしました。

すると、癌は誤診だったことが判明したのです。良性の腫瘍なので、胃カメラを飲んで取り去ってしまったそうです。

その後、3年ほど経過して再度精密検査をしましたが、何も異常は見あたらないそうです。あのまま抗癌剤治療に入っていれば、その副作用で体をもっと悪くしたかもしれません。

妻の両親は、80歳を超えているので、入院したりするときがあります。お守りは、何を持っていけばいいだろうかとコインを振って出すと、子(鼠)が出ました。

昔、うちの娘が使っていたミッキーマウスが取ってあったので、それをお守りだといって、渡しました。

すると、占いで出た日に全快しました。あまりの急展開に、お医者さんもびっくりしたそうです。

96 「新たな仕事」にチャレンジするには？

就職は試験の一種なので、受験に似ています。でも違うのは、「希望する職種」という条件がついていることです。

だってそうでしょう、どんな職業でもよければ、すぐに仕事に就けるのではないでしょうか。

日本での例で、運命変更の調査をしました。「希望する職種に就職できたか」というものでした。

ある人は、こんな相談をしました。

「就職活動を続けていますが、半年以上たっても仕事が決まりません。希望する仕事に就きたいです」

トラさんは、次のように回答しました。

「卯(兎)の置き物を持ち歩いてください」

すると、こういう返事が来ました。

「私はずっと就職活動を続けていたにもかかわらず、半年以上も会社が決まらず悩んでいました。さすがに、自分だけの力では限界があると思い、コインを振って添削をお願いしたしだいです。

さっそく、改善方法のとおり卯（兎）の置き物を購入して、いつも持ち歩くようにしました。すると〝この会社に行きたい！〟と思うところがあり、すぐ応募しました。そして、書類審査を通過し、面接になり、その時点ですぐに決定ということになりました。あまりの決定の早さに、自分でもただただビックリしています」

が、希望する職種への就職ができなかった人が、ひとりだけいました。でも、彼はこう書いています。

「あの会社に入ったら、とても大変なことになったのをあとから知りました。そのあとに入った今の会社が、実は自分に向いていることもわかりました」

長い目で見れば、この人も運命変更できたのではないかと思います。

六爻占術をやっていないあなたに、どうアドバイスすればよいでしょうか。私は一瞬で会社を辞めることを決め、不思議研究所を始めるときも一瞬でした。

あまり深く考えないほうがいい、というのが私の考えです（笑）。

97 襲ってくる「不運」を打開する方法とは？

私の親戚に、宝石店で働いている人がいました。ある日、彼が泣きながら電話をしてきました。

「おじさん、今トイレのなかから電話してんだけど……」

「どうしたの？」

「お客さんから預かったダイヤの指輪がない……」

「それ、なぜ預かったの？」

「サイズの変更を頼まれたんです」

「最後はどこに置いたの？」

「自分の机の上です。ちゃんと袋に入れて、お客さんの名前まで書いておいたんだけど。でも今見たら、ないんです。30分くらいしか経っていない。ここでコイン振るから、判断してもらえる？」

「いいよ」

コインを振る音が聞こえます。鼻をすする音も聞こえます。こりゃあよくない外応だぁと思いました（泣くというのは不幸の外応に分類されるからです）が、仕方がありません。

彼がコインの裏表をいったので、その場で卦を出しました。

それを見て私は答えました。

「心配しないで！　見つかるよ。でも信じられないかもしれないけど、上司のポケットのなかにあると出ている」

「えー！」

しばらくすると、また電話がきました。

「やっぱり課長の胸のポケットに入っていた。あの課長、僕とは仲が悪いんだ。いやがらせかもしれない。いいんだ、こんな店、辞めてやる」

「まあまあ、熱くならないで！　取りあえず見つかったんだし……」

彼は、本当に独立を決心しました。そして、六爻占術で吉日と出た日に、自分の店を開店し、１０００万円の利益が出るようになりました。不運を幸運に変えたようです。

98 神（すべて）とつながれば、幸運は向こうからやってくる

外応という現象があるという話を書きました。突然の雨で、お子さんが助かった話でし

た。

あのとき、お母さんはコインを振っていました。でも、コインを振らなくても、この現象は起こるのです。

日本で、すでに六爻占術をやっている女性の話です。

彼女は、お盆に家に帰るために飛行機の予約をしてありました。でも間に合わなかったのです。

羽田空港で、彼女はキャンセル待ちをすることになりました。でも、待っている人はたくさんいます。その場所でコインを振るのは恥ずかしいです。彼女は問いを発しました。

「今日帰れるでしょうか?」

もちろん、口に出したわけではありません。

すると、隣りでバカ話をしていたカップルが、笑い声をあげたのです。

それで「イケる」と判断しました。

土産物屋に行くと、生ものを買いました。時空と勝負したかったのだそうです。

席に戻ると、自分の名前が呼ばれました。

実家に着くと、生もののお土産をみんなで食べ、おいしいと喜ばれたそうです。

この彼女、私の本を最初に読んだのは10代のころだったそうです。そして六爻占術にはまり、今は株やFXで儲けているそうです。若いのに、あなどれません。

今はコインを振らず、外応だけで判断するようになっているのです。これは、神（すべて）とつながりはじめているということです。神は、問われることが好きなのです。そして、問われるとヒントを与えてくれるのです。

六爻占術をやっていると、自然にこの現象が増えてきます。でも、やっていないあなたは、この本を読んだだけでもOKだと思います。そういう世界があることを肯定しはじめたからです。

だってそうでしょう、否定する人にサインを出しますか？

肯定すれば、世の中はサインだらけだということに気づきます。それは意識して探すのではなく、向こうから知らせてきます。

神（すべて）とつながれば、幸運は向こうからやってくるのです。

「どうぞ受け取ってください」

と……。

でも、その神（すべて）は上から見下ろす神ではありません、陰にいる神様、すなわち「お陰様」です。

私たち日本人は、お陰様という神様とずっと一緒でした。

「お陰様で何とかやっています」

このようにして、お礼をいいつづけてきました。これは、目の前の相手にいっているのと同時に、陰の神様に対してもお礼をいっているのです。日本人は、こういう神様がいることを、昔から知っていたのです。

そして、陰の神様は、あなたが問えば、いつでも答えてくれます。

99 「六爻占術」が普及すれば「快」が増える！

トラさんは、六爻占術テキスト第4巻『アンラッキー改善法』の冒頭に次のように書いています。

「人は誰でも、一生涯のうちには、アンラッキーな場面に遭遇することがないとはいえません。ふつうの人なら、アンラッキーに遭遇したら、苦しんで途方に暮れて、天命に任せてアンラッキーを受け入れるほかありません。しかし、一部の知者はアンラッキーに負けず、易の知恵を生かして、改善法を考えました。ずっと昔から不運を回避するため、古代人はいろいろと工夫を凝らしてきました。

中国では、考古学の発掘により2000年前の漢代には、すでにお守りを使っていたことが確認されています。住宅の平安、幽霊退治などに使ったお守りが、出土されているからです。

占いの目的は、楽な人生を送るためです。占いでこれから行く道に不運があるとわかったら、できるかぎり不運を回避して、いい方向へ改善させるのが六爻占術を作った初志でしょう」

以上です。

私は大学のとき、レーダーの研究をやりました。占いはレーダーに似ています。未来の不運を発見して、回避させるためにあるからです。

タイタニック号の話をすでに書きました。あの時代にはレーダーがありませんでした。船の先端に見張り役がいて、氷山を発見すると鐘を鳴らして知らせました。でも、そのときはすでに遅かったのです。夜だったということもありました。

しかし、状況としては、私たちの人生そのものではないでしょうか？

だって、車を運転している人なら、１分先に事故が起こるかもしれません。ふつうに生活していたって、通り魔に襲われるかもしれません。

六爻占術は、未来に起こる不運を発見することができます。その情報をもとに、避けることができます。

不運を見つけるだけではありません。宝島を発見することもできます。どの株の銘柄が上がるかを、事前に知ることができます。これらはレーダーの機能といえます。

でも、もっとすごいことができます。たとえば、宝島が海に沈んでいたら、それを海上に引き上げるのです。これが運命変更です。財運の悪い人は、よくなりました。異性運のツイていない人が、プロポーズされました。子供を諦めていた人に、赤ちゃんが生まれました。84パーセントもの人が、運命変更に成功しました。

同じ人生を送るなら、やはり「快」が多いほうがよいと思いませんか？　そして占いの規則によれば「快」は財運を高めるのです。

会社が儲かっているから社員が笑顔になるのではありません。社員が笑顔だから会社が儲かるのです。それは、家庭でも同じです。笑顔が家族の収入を増やします。「快」の効果は、まだあります。事故を回避したり、健康運をも上げるのです。笑いは、外応のなかでも、最高の吉のサインだからです。

今、地球の危機が叫ばれています。それに対して、額にしわをよせて考えてしまうと、実はもっと悪い方向に向かわせます。そうではなく、笑顔が地球を救うのです。

私の著書には、笑顔の写真が多いです。ワンパターンだと批判されるときもあります（笑）。でも、ワンパターンであれ、笑顔は運を好転するのです。そして、もっと笑われそうですが、私は、自分のデスクに自分が笑っている写真を置いているのです(笑)。

文中にときどき入れた「(笑)」という文字も、読んでいるあなたの運を上げたはずです。

おわりに

すべては事実をもとに書きました。

自慢している、宣伝のようだ……といわれそうです（笑）。しかし、どうせなら楽しく生きたほうがよいと思うのです。

このあとがきから、読んでいる人のなかには次のように想っている人もいそうです。

「人間が苦労している姿を、神様は上から見ていてくださる、そして来世をよくしてくださる」

この本のなかには、「生まれ変わりの村」の話が出てきます。それらの事例を読むかぎり、苦労は何も評価されません。神様に貸しはつくれないのです。

でも神様は、私たちの問いには答えてくれます。

「これから私の金運は上がるの？」

「今日のデートに何の服を着ていけば、彼のハートを捉えられるの？」

「ずっと妊娠できない私は、どうすればいいの？」

これらの問いに、神様は確実に答えてくれているのです。その答えをキャッチする仕方が、この本には書いてあります。

私は高校のときにもった問いを、大人になっても問いつづけていました。

「私は誰？」

「時空はどうなっているの？」

この問いに対して、神様は多くのヒントを与えてくれました。そのひとつひとつをこの本に書きました。

この本に書かれている内容を信じない人は、それでオーケーです。でも、ぜひ問いだけは発してみてほしいと思います。その問いによって、あなたの人生は大きく変わるはずだからです。

最後になりましたが、編集の小岩さんにお礼を申し上げます。99個の問いをつくったのは小岩さんです。妻も校正の段階で、多くのインスピレーションをくれました。

そして、この本を手に取ってくれたあなたに、お礼をいいたいです。

最後まで読んでくれて本当にありがとう。

森田　健

お知らせ

＊六爻占術の詳しい資料が欲しい方

この本のなかに登場する六爻占術のテキストは書店では売られておりません。詳しい資料が欲しい方は下記までご請求ください。無料でお送りいたします。

〒151-0053
東京都渋谷区代々木1-30-6
不思議研究所
「99の謎」二見書房係
電話03-3375-4489（平日10時～18時）
FAX03-3375-2955（24時間）

運命を好転する六爻占術無料サービス

森田　健

手順

① 携帯かパソコンで以下のアドレスにアクセスしてください。
http://www.rokko-s.jp/lucky/
携帯がバーコードに対応していれば、276ページにある携帯バーコードにアクセスしてください。

② 「金運」「健康運」「男性運」「女性運」のメニューのなかから、占いたいものを選んでください。

③ 3枚のコインを振ってください。

④ 裏の枚数を携帯かパソコンに入力してください。

⑤ 結果が表示されます。
まず、運の強さが表示されます。

次に運命変更のグッズが十二支で表示されます。

次にラッキーな方向が表示されます。

次にラッキーカラーが表示されます。

次にラッキーな数字が表示されます。

コインを振るときの注意点

百円玉を使う場合、100と大きく書いてある側が表です。絵柄の側が裏です。十円玉でも五円玉でもOKですが、一円玉は軽すぎてダメです。ただし百円玉が1枚で十円玉が2枚あるからといってこれらを混ぜて使うことはできません。同じ種類の硬貨を3枚使ってください。

振る前に占いたい事柄について思ってください。

コインは両手のなかで、3～5秒ジャラジャラ混ぜてください。その後、机などの硬いものの上に投げてください。そして裏の枚数を数えます。コインが机から落ちても問題ありません。床に停止したコインの裏表を見て、それを採用してください。

出た裏の目の数を書いてください。

これを6回行なってください。

振るタイミングは、あまり間をおかないでください。リズミカルに振ってください。

結果の見方

運の強さは、プラス10が一番強いです。0が普通です。マイナス10が一番弱いです。プラス10は運命変更しなくてもそれは実現するでしょう。マイナス10は悪すぎて運命変更できないでしょう。人生はあきらめも肝心です。これを機会に別の路線に転向したほうがよいです。恋愛運なら別の彼に乗り換えたほうがよいです。財運なら別の収入源を考えたほうがよいです。健康運なら今までの生活様式を一変したほうがよいです。ということは、一挙大逆転が待っているのがマイナス10なのです。

一日に何度も振ると当たらない

悪い結果が出た人のなかには、良いのが出るまで何度も振る人がいそうです。でも2度3度振る人は、最初のコインにも場が乗らなくなる傾向があります。考えてもみてください。何度も振る人に未来を教えると思いますか？

でも、本当の理由があります。それは2回めに振ったときは、応期が中心に出るのです。応期というのは「モノゴトが実現する時期」のことです。たとえば恋愛運を占った場合、彼氏が「いつできるか」が出るのです。本書においては、その判断の方法まで書く場所がありませんので、割愛させていただいたのです。

運命改善方法

たとえば次の結果が表示されたとしましょう。

運の強さ＝2
グッズ＝虎
ラッキーな方向＝東北
ラッキーカラー＝白、黒
ラッキー数字＝3

運の強さが「2」なので「なーんだ、俺の運もたいしたことないなあ」と思う人は、たいしたことがない人です(笑)。もっと上が狙えるからです。時空は「あなたのもともとの運はこんなものではありません。ここに書かれた情報を駆使すれば、運は5倍(運の強さ10)にもなります」といっているのです。

ラッキーカラーは、次のようにして使います。

まずは置き物などの下にラッキーカラーの紙を敷くのです。これで運命変更率はだいぶ上がるはずです。置き物にラッキーカラーのマフラーを作って巻いてあげるのもよいです。方向については、シビアになる必要はありません。携帯ストラップにグッズをつける場合も多いからです。

運の比較

たとえば彼女をデートに誘うとき、Aという店がよいかBという店がよいか迷ったとき、2つを場合分けして振ればよいのです。恋愛運で占い「運の強さ」が高いほうを採用すればよいのです。

仕事も同様です。Aという方向でいくか、Bという方向でいくか、それは財運で占えばよいのです。

その場合、すぐにBを振らないでください。Aの「場」はなかなか消えてくれないからです。1時間以上は別のことをやり、一度頭をクリアーしてからBのケースを思って振ってください。

タイムスパン

占いたい期間のことを「タイムスパン」といいます。タイムスパンの意識をもたないと自動的に長期のものが出ます。

しかし、なかには今日一日のことを占いたい人もいるはずです。たとえば競馬で大きなレースがあるとか……。その人は今日一日という意識をもってコインを振ればよいのです。今日の運勢しか出ません。そこでグッズが「亥《い》」と出たとします。亥はイノシシですが、ブタで代用もできます。ブタの置き物を競馬場に持っていくのも格好悪いです。そのときはブタの絵を描いた紙をポケットに入れるだけで運はよくなるはずです。

ラッキーカラーが黒か白で、ラッキーな数が3だったとすれば、白い紙に黒い鉛筆で3匹のブタを描けばよいのです。

その日がデートなら、やはり一日を占うのが便利です。というのは恋愛運ではラッキーカラーが大活躍するからです。

たとえばラッキーカラーが赤と出たとします。でも赤の服は着たくない……、そんなときはピンポイントにその色を使えばよいのです。下着にピンクをつけるとか、赤系のハンカチを持つとか……。

要は運命変更の意識をどこに向けるかです。ピンポイントにその意識を向ければ、着ている服の色は無視して下着やハンカチの色が運命好転をしてくれます。

ここで問題になるのが、タイムスパンを過ぎたグッズをどうするかです。捨てるか洗うかしてください。そのグッズには運命を変更した疲れが残っています。そのまま別の運命変更に使用することは酷です。

　健康運に対して一日のタイムスパンを意識して振れば、交通事故などにも対応します。事故も健康運に含まれるからです。1週間の海外旅行に行く場合は、それを思って振ればよいです。無事に帰ってくることができるかどうかが出ます。

　株を銘柄別に占うこともできます。しかしコンピュータから出た結果で投資するのはちょっと危険かもしれません。やはり大金をかけるには卦の解読技知識が必要です。

そういう意味ではこの「六爻占術運命好転無料サービス」はほんの初歩的な方法です。過度の期待は禁物ですし、どうなっても責任は持ちません(笑)。また、無料サービスですので、サーバーの都合でサービスが停止、あるいは終了する場合もあります。つまり保証はできないということです。

　しかしタダであれ、トラさんの秘法が十分に詰まっています。どうせ一生を生きるのなら、楽しい方向に向かいたいものです。

運命好転無料サービス用バーコード

二見文庫

運命好転《うんめいこうてん》の不思議《ふしぎ》現象《げんしょう》99の謎《なぞ》

著者　森田《もりた》 健《けん》

発行所　株式会社 二見書房
東京都千代田区三崎町2-18-11
電話 03(3515)2311［営業］
03(3515)2314［編集］
振替 00170-4-2639

編集　K.K. インターメディア
印刷　株式会社 堀内印刷所
製本　合資会社 村上製本所

落丁・乱丁本はお取り替えいたします。
定価は、カバーに表示してあります。

ISBN978-4-576-09079-5
http://www.futami.co.jp/